인지심리학자
김경일 교수가
제안하는

십 대 를 위 한
공부
사전

인지심리학자 김경일 교수가 제안하는

십 대를 위한 공부 사전

초판 1쇄 발행 2018년 12월 24일
초판 7쇄 발행 2023년 01월 02일

글쓴이 김경일

편 집 장 천미진
편　　집 최지우, 김현희
디 자 인 한지혜
마 케 팅 한소정
경영지원 한지영

펴낸이 한혁수
펴낸곳 도서출판 다림
등　록 1997. 8. 1. 제1-2209호
주　소 07228 서울시 영등포구 영신로 220 KnK 디지털타워 1102호
전　화 02-538-2913 | **팩　스** 070-4275-1693
블로그 blog.naver.com/darimbooks
다림 카페 cafe.naver.com/darimbooks
전자 우편 darimbooks@hanmail.net

ⓒ 김경일 2018

ISBN 978-89-6177-186-3 13370

• 이 도서의 국립중앙도서관 출판예정도서목록(CIP)은 서지정보유통지원시스템 홈페이지(http://seoji.nl.go.kr)와
　국가자료공동목록시스템(http://www.nl.go.kr/kolisnet)에서 이용하실 수 있습니다.(CIP제어번호: CIP2018040009)

김경일

인지심리학자
김경일 교수가
제안하는

십 대 를 위 한

공부
사전

다림

나의 이력을 보면 많은 사람이 '아! 김경일 교수도 전형적인
모범생들이 거쳐 온 그 길을 걸어왔구나.'라고 자연스럽게
생각한다. 나름 명문 대학교라고 불리는 국내 대학에서 학
사와 석사 과정을 마치고, 마찬가지의 평판을 듣는 미국 유
명 대학에서 박사 학위를 취득, 그리고 현재 대학교수로 활
동하고 있으니 말이다. 많은 젊은이들이 이야기하는 '국가
대표급 스펙'까지는 아니더라도 꽤 괜찮은 공부의 길을 걸
어온 사람처럼 보인다.

　하지만 나는 고등학교 2학년 때까지 운동선수였다. 초등

학교 2학년 때 시작한 테니스로 중학교와 고등학교 모두 체육 특기자로 진학했다. 아마 운동부가 있는 중학교나 고등학교에서 학창 생활을 해 본 사람이라면, 이른바 운동부 친구들의 삶이 어떤지 잘 알 것이다. 아침부터 밤늦게까지 코트와 운동장에서 뛰고 구르는 것이 하루의 전부였다. 운동하느라 수업에 들어가지를 않으니 담임 선생님을 알아보지 못해서 호된 꾸지람을 당한 적도 있었다.

고등학교 2학년 1학기 말, 이러저러한 이유로 운동을 그만두기로 결정하자 '나도 이제 사람처럼 살아 볼 수 있겠다.'라는 생각이 들었다. 그리고 그때부터 대학에 진학하기 위해 공부를 시작했다. 이유는 모르겠지만 재수는 죽어도 하기 싫어서, 담임 선생님이 "그 정도 실력이면 커트라인이 지금보다 조금 더 높은 곳을 지원해도 괜찮아."라고 안심시켜 주셨음에도 불구하고 손사래를 치며 '안정'과 '소신' 지원의 형태 중 빛의 속도로 전자를 선택했다. 그 당시에는 먼저 지원을 하고 나중에 시험을 보는 형태의 학력고사 제도여서, 나와는 달리 대부분의 학생들이 좀처럼 자존심을 꺾지 않고 진학을 지도하는 선생님들과 지원 대학을 놓고 꽤나 씨름을 했던 시절이었다. 다행스럽게도 나는 무난히 대학에 입학해

89학번이라는 명칭의 대열에 동참할 수 있었다.

그런데 대학 진학 후 나를 둘러싼 재미있는 해프닝이 벌어졌다. 꿈도 많고 설렘으로 하루하루를 정신없이 보내던 대학 1학년 때, 같은 대학의 다른 과에 합격한 중학교 동창 하나를 캠퍼스에서 만났다. 그런데 이 친구의 표정이 무언가 당황스러운 게 아닌가. 이후에도 캠퍼스에서 다른 동창들을 만나면 그중 몇몇은 그 친구와 비슷한 반응을 보였다. '운동하던 네가 여기 어떻게 들어올 수 있지?'라는 의문 아니었을까? 이런 수군거림이 학과 동기들 귀에도 들어갔는지 동기 몇 명은 나에게 알 수 없는 거리감을 두었다. 아마도 내가 입학한 해에 공교롭게도 부정 입학이라는 이슈로 온 학교가 떠들썩했고, 학생들 사이에서는 "어느 과의 누구가 부정 입학이래."라는 이야기가 심심찮게 돌아다녔기 때문이었을 것이다.

물론 나는 그걸 조금도 신경 쓸 여유가 없을 정도로 대학에 들어온 즐거움을 만끽하고 있었다. 다행히 그 당시 총학생회에서 입학 사정 자료를 모조리 검토하고 부정 입학으로 의심되던 학생들의 명단을 공개했다. 그래서 나의 억울한 누명(?)은 몇 주를 가지 않고 쉽게 풀릴 수 있었다.

그런데 다시 얼마가 흐른 후, 동기 한 명이 술자리에서 나에게 이렇게 물었다.

"경일아. 넌 얼마나 공부를 열심히 했길래 운동선수 출신이면서도 시험을 봐서 이 대학에 들어올 수 있었던 거야? 하루에 2시간만 자고 공부했냐?"

운동을 그만두고 이제부터 무얼 해야 하나 생각을 하니 할 것이 공부밖에 없었다. 그래서 열심히 공부했고, 성적에 맞춰 대학과 학과를 선택했을 뿐이다. 나에게는 조금도 특별할 것이 없는 지난 1년 반이었지만, 다른 친구들이 특별하게 생각해 주니 대답도 좀 특별해야겠다고 생각해 "내가 천재인 거 몰랐어?"라고 농담 식으로 되받아쳤다. 사실 속마음으로는 그러기를 바랐다. 그러지 않고서는 스스로도 그 이유를 설명하기 어려웠으니 말이다. 당시에는 나 역시 누군가의 좋은 성적에 두 가지 이유 외에 딱히 설명할 길이 없다고 생각했다. 죽도록 열심히 노력하는 거, 아니면 타고난 천재이기 때문인 거 말이다.

하지만 이 말은 몇 달 후 정말 농담이 되어 버렸다. 심리학과 1학년 학생들을 대상으로 학생 생활 연구소에서 지능검사를 실시한 결과, 나는 동기들 중 가장 지수가 낮은 편에 속한 것으로 나왔으니 말이다. 아마 그즈음부터 사람들은 자신이 무언가를 잘하게 돼도 그렇게 될 수 있었던 이유에 대해서는 잘 알지 못한다는 사실을 깨달았던 것 같다. 그래서 대학에 들어와서 소위 전형적인 '먹고 대학생'으로 시간을 보내던 내가 처음으로 대학 졸업 후 진로를 결심하게 됐다.

"그래, 인지심리학으로 가자!"

학부 2학년 때, 교수님은 인지심리학이란 인간의 생각이 어떻게 작동되는가를 연구하는 학문이라고 했다. 어떻게 보고 듣는지, 무엇을 왜 기억하는지, 같은 것을 보고도 왜 다른 결론에 도달하는지, 어떤 경우에 '아! 그러면 되겠구나!'라는 깨달음을 얻게 되는지까지, 인지심리학의 관심사는 지극히 작고 미시적인 것들이었다. 그래서 당시 대부분의 동기들이 심취해 있는 프로이트, 융, 아들러, 프롬보다 인지심리학이 좋았다. 우리가 늘 하는 말과 행동에 대해 우리가 알지 못하는 진짜 이유들을 이야기해 주고 있으니 말이다.

그리고 인지심리학을 공부하면서 깨닫게 되었다. 내가 상황과 환경에 있어 얼마나 억세게 운이 좋은 사람이었는지 말이다. 같은 반 옆자리의 짝꿍과 열람실 앞자리에서 공부하던 다른 반 친구들까지, 내가 공부를 할 때 나의 노력이

최적의 효과를 낼 수 있도록 만들어 주는, 그야말로 환상적인 환경에 있었던 것이다. 그래서 평범한 머리와 약간의 노력으로도 일자무식에서 공부 잘하는 학생으로 순식간에 변모할 수 있었다. 아마도 로또에 버금가는 행운이 아니었나 싶다.

문득 이 행운을 필연으로 만들고 싶은 생각이 들었다. 왜냐하면 내가 왜 공부를 웬만큼은 하게 됐는지 50세가 되어서야 그나마 약간의 설명이 가능해졌기 때문이다. 그래서 이 책을 통해 설명하고자 한다. 나의 행운을 이제 우연이 아닌 필연으로서의 결과로 독자들께 나눠 드리고 싶다. 인간은 노력과 재능이라는 단 두 개의 변수로만 설명하기에는 너무나도 미묘하고 복잡한 존재니까 말이다.

김경일

차
례

날씨

다양한 경험

계획

뇌

기억력

동기

만족

변화

라이벌

멀티태스킹

불안

목표

스트레스

선택

심리

성격

운동

착각

ㅊ

지피지기

커피

창의력

컴퓨터

집중

친구

타임

필기

환경

휴대 전화

휴식

ㄱ

계
획

계획 오류

한 해의 마지막 날이나 새해의 첫날, 대부분의 학생들
은 공부 계획을 세우곤 한다. 학년이 높아질수록 모든
교과목은 어려워지고, 그에 따라 성적을 올리는 것도
쉽지 않은 일이 되어 버렸다. 그럼에도 '이번에는 열심
히 공부해서 반 등수 10등 이상은 올려야지.' '수학 공부
에 더 집중해서 수학 점수를 높여야지.' 같은 각오를 다
진다. 그리고 이 각오를 구체적으로 실행시키고자 계획
을 세운다.

이제 막 고등학교에 입학한 영수 학생도 공부 계획을 세웠다. 매년 공부 계획을 세워 왔기에 계획 작성에는 문제가 없다. 다만 계획을 작성하는 그 순간에도 '내가 진짜 이렇게 할 수 있을까?'라고 스스로를 의심한다. 영수 학생은 지금까지 단 한 번도 계획대로 공부를 해 본 적이 없었는데, 그 이유를 늘 '의지 부족'으로 생각해 왔다. 그래서 계획을 세울 때마다 '영수야, 이번엔 꼭 계획대로 하자!'라고 자신의 이름까지 부르며 파이팅을 외쳤다. 그런데 정말 계획대로 실행하지 못한 이유가 의지 부족에만 있던 걸까?

사실 대다수의 사람들이 한두 번 이상 이 같은 일을 경험해 봤을 것이다. 매년 습관처럼 한 해 계획을 세우지만 또 습관처럼 지키지 못한다. 이는 단지 의지의 문제가 아니다. 애당초 '지키기 힘든 계획'을 세웠기 때문이다. 지키기 힘든 계획은 대체로 목표와 계획을 혼동했을 때 나타난다. 이 같은 현상을 '계획 오류'라고 한다. 다시 말해 계획 오류란, 목표를 세워 놓고 그것을 계획이라 착각하는 것을 뜻한다. 영수 학생 역시 한 해 공부 계획을 작성했다고 믿고 있지만 사실은 '목표'만 세워 두었을 뿐이다. 영수 학생이 계획이라고 작성한 내용들을 살펴보면 다음과 같다.

- 하루 4시간 이상 공부하기
- 수학 경시대회에 입상하기
- 수행 평가에서 좋은 점수 얻기
- 작년보다 반 등수 10등 이상 올리기

영수 학생이 작성한 것들은 계획이 아니라 목표에 해당된다. 계획은 이보다 훨씬 더 구체적이고 세부적이어야 한다. 계획이 촘촘하지 않으면 정확하게 무엇을 어떻게 해야 하는지 알지 못한다. 다시 말해 하루 4시간을 책상 앞에 앉아 있어도 무엇 하나 제대로 해내지 못하는 것이다. 국어책을 펼쳤다가도 수학이 걱정되어 수학책을 펼치거나, 수학을 공부하다가도 영어 단어장을 꺼내 드는 식이다. 계획이 촘촘하지 않으니 우왕좌왕하다 결국엔 4시간을 그냥 흘려보내고 만다.

대부분의 학생들은 영수 학생처럼 계획을 촘촘하게 세우지 않는다. 이러한 바탕에는 '어떻게든 되겠지.'라는 낙관적인 심리도 작용한다. '하루 4시간 공부하기로 했으니 그렇게 하면 되겠지.' 혹은 '하루 4시간쯤이야.' 같은 생각을 하는 것이다. 하루 24시간의 6분의 1에 해당하는 4시간은 그리 길지 않은 시간처럼 보일 수 있다. 잠, 식사, 수업 등으로 바쁜 시간에서 쪼개고 쪼개 나온 시간이지만, 이 4시간은 오늘도 있고, 내일도 있다. 그러다 보니 오늘 못 하면 내일 하면 되고, 내일 못 하면 모레 하면 된다는 생각을 하게 된다. 4시간에 대한 정확하면서도 구체적인 계획이 없기 때문에 계속 미루더라도 상관이 없어지는 것이다.

계획의 단위

계획은 목표를 달성하기 위한 수행 과정이다. 이 과정에는 '정해진 시간에 정확하게 내가 해야 할 일'이 제시되어 있어야 한다. '공부 시간 4시간'만 달랑 쓴 계획은 제대로 된 계획이 될 수 없다. '4시간 공부한다.'에는 OX 퀴즈처럼 공부를 했다, 안 했다만 있다. 그 과정이 촘촘하게 작성되어 있지 않기 때문이다.

눈금이 있는 자와 눈금이 없는 자를 하나씩 떠올려 보자. 눈금이 없는 자는 시작과 끝이 있을 뿐이다. 반면, 눈금이 있는 자는 처음에서 끝으로 가기까지의 과정을 알 수 있다. 즉, 촘촘한 계획이 바로 자의 눈금 역할을 하는 것이다. 뿐만 아니라 그 과정을 보며 그날의 계획을 평가할 수도 있다.

'4시간 공부하기'에 눈금을 만드는 방법은 4시간을 세분화하는 것이다. 이를테면 국어, 수학, 영어에 각 1시간씩을 주고, 나머지 1시간은 특히 더 부족한 부분을 보충하는 방식으로 계획을 잡는 것이다. 여기서 더 나아가 국어와 영어는 각각 지문 다섯 개, 수학은 문제 열다섯 개 풀기 같은 구체적 계획까지 세우면 금상첨화다. 이런 식으로 계획을 세우면, 국어와 영어는 해냈지만 수학을 하지 못했을 경우 '오늘은 내가 세운 계획의 70퍼센트 정도만 해냈구나.' 같은 평가를 할 수 있다. 또한, 오늘 계획 중에서 무엇을 하고 무엇을 못 했는지도 한눈에 알 수 있다. 이는 다음 날 자신의 계획을 보다 잘 지킬 수 있도록 만드는 지침이 된다.

좋은 공부 계획

어떤 것을 '공부한다'는 것은 어떤 것을 '이해한다'는 말과 같다. 이해한다는 것은 '이해했다'와 '하지 못했다'로 구분되는 것이 아니다. 승부가 중요한 각종 스포츠는 이기느냐, 지느냐의 평가만 있을 뿐, '10퍼센트 졌다.' 나 '30퍼센트 이겼다.' 같은 개념은 없다. 반면, 이해는 수치로 평가할 수 있다. 따라서 '오늘은 공부했다.' 또는 '오늘은 공부하지 않았다.'로만 생각하게 만드는 공부 계획은 좋은 공부 계획이라 할 수 없다. 적어도 '지금 공부하고 있는 문법을 70퍼센트 정도는 이해한 것 같네.' 혹은 '영어 숙어를 50퍼센트만 외웠어.'처럼 수치로 평가할 수 있어야 한다. 그래야 자신이 지금 어느 정도의 수준인지도 가늠할 수 있다.

그리고 자신이 세운 계획 자체에도 점수를 매길 수 있어야 한다. 즉, 어느 정도 수행했느냐를 보고 점수를 매기는 것이다. 계획한 것을 다 완료했다면 100점, 80퍼센트 수행했다면 80점이다. 그런데 매번 세워 둔 계획에 대한 점수가 100점이거나, 반대로 0점일 경우 계획 자체를 수정할 필요가 있다. 애초에 잘못된 계획을 세웠을 가능성이 높기 때문이다. 내가 세운 계획의 점수가 무조건 100점이라면 이건 너무 쉬운 계획인 것이고, 무조건 0점이 나온다면 자기 능력 이상의 계획, 즉 현실적으로 가능하지 않은 계획인 셈이다. 계획은 50~100점 사이의 점수가 나오는 것이 좋다. 따라서 계획에 점수를 매겨 자신의 능력에 맞는 계획인지 검토하면서 계획을 수정해 나가는 것이 좋다.

시간이 남는 계획

영수 학생은 매일 세워 둔 계획을 착실히 해 나가다가 어느 날 뜻밖의 상황에 부딪혀 버렸다. 4시간 동안 공부하기로 계획했던 분량을 3시간 만에 끝내 버린 것이다. 시간만 생각한다면 1시간은 더 공부해야 한다. 하지만 분량을 생각한다면 더 이상 공부할 필요가 없다. 이럴 땐 어떻게 하는 것이 좋을까?

영수 학생이 선택할 수 있는 길은 세 가지 정도일 것이다. 하나는 그냥 공부를 접는 것이다. 그날 치의 공부를 끝냈으니 자신에게 뜻밖의 휴식 시간을 상으로 주는 것도 나쁘지 않다는 이유에서다. 다른 하나는 남은 1시간 동안 3시간 만에 끝낸 공부를 복습하는 것이다. 마지막은 4시간을 채우기 위해 내일 하기로 계획해 둔 공부를 끌어다 하는 것이다. 어차피 내일 하기로 한 것이니 오늘 해도 상관이 없다는 생각 때문이다.

이 세 가지 중 가장 좋지 않은 선택은 마지막 것이다. 하루 계획에서 중요한 건 그날의 공부를 100퍼센트로 했는지, 하지 못했는지, 하지 못했다면 몇 퍼센트 부족한지 등을 체크하는 일이다. 그런데 내일 할 공부를 오늘 끌어다 하게 되면 내일의 계획도 100퍼센트 수행할 가능성이 커진다. 전날 끌어다 공부한 분량만큼 원래 4시간 동안 해야 하는 공부 분량이 줄어들기 때문이다. 그럼 당연히 그날의 계획을 어느 정도 수행했는지 알 수 없게 되어 버린다.

공부는 단거리 달리기가 아니라 장거리 달리기다. 그날그날의 호흡을 가다듬으며 자신이 하루 계획을 어느 정도 수행했는지 체크해 나가는 것이 무엇보다 중요하다. 그래야 오래 뛸 수 있다.

나만의 계획

나만의 계획표는 일종의 자화상이다. 나를 그린다고 생각하고 나의 계획표를 만들어야 한다. 나만의 계획표를 만들 때 두 가지 유의할 점이 있다.

첫째, 자기만의 포맷을 만들어야 한다. 사람마다 공부할 수 있는 시간, 공부하는 방법, 공부에 대한 생각이 다르다. 예를 들어, 어떤 학생은 계획표를 만들 때 꼭 비고란을 만들며, 이 비고란이 계획표의 항목 중에서도 큰 자리를 차지한다. 공부를 하다 생긴 변수를 꼼꼼하게 기록하기 위해서다. 반면, 어떤 학생은 정해진 순서대로 일을 하지 않으면 불안해하기 때문에 꼭 해야만 하는 공부를 순서대로 적는다. 이 학생의 입장에서 보자면 비고란이 클 필요가 없다. 또, 과목에 따라 장소를 달리 하는 학생의 경우 장소란이 따로 필요할 수도 있다. 장소란에 '국어는 저녁 7시 학교에서' '영어는 밤 9시 독서실에서'와 같이 특정 과목과 장소를 대입시키는 것이다. 이처럼 각자 중요한 부분은 다를 수밖에 없기에 계획표는 자기에게 맞는 포맷으로 짜야 한다.

둘째, 계획표를 짜는 시기를 정해야 한다. 일반적으

로 계획의 단위는 하루, 일주일, 한 달로 나뉜다. 사실 한 달 계획은 자연스럽게 일주일 계획을 만들어 내고, 일주일 계획은 자연스럽게 하루 계획을 만들어 낸다. 계획이 촘촘할수록 목표를 달성할 확률이 크기 때문이다. 계획 세우기가 습관화된 사람은 당일에 그날의 계획을 세우는 것이 가능하지만, 그렇지 않은 사람은 적어도 그 전날 미리 세워 두는 것이 좋다.

만약 자기만의 계획표를 어떻게 짜야 하는지 모르겠다면, 이런저런 계획표를 계속 만들어 보는 것도 한 방법이다. 여러 개의 계획표를 짜고 그에 맞게 실행하다 보면 자연스럽게 '맞춤형 계획표'가 어떤 것인지 알게 된다. 또, 이러한 과정을 통해 자신이 언제 어디서 어떻게 공부하면 공부가 더 잘되는지, 혹은 안되는지도 알아차릴 수 있다.

계획은 촘촘하게 짜기, 50~100점 사이의 평가 점수가 나오게 계획 짜기

사람의 기억

우리는 제법 긴 시를 토씨 하나 틀리지 않고 외우면 흔히 기억력이 좋다고 이야기한다. 기억력을 '모든 것을 다 정확하게 암기해 내는 능력'으로 생각하기 때문이다. 그러나 사람의 기억력은 입력된 정보를 정확하게 말하는 인공 지능의 기억력과는 분명 다르다. 우리가 기억하는 것은 대체로 '느낌'과 '이해'인 경우가 많다. 이를테면, 각자 초등학교 6학년 때 담임 선생님을 떠올려 보자. 그 선생님의 나이나 키를 기억하는 사람들은 별로 없을 것이다. 대신 '괜찮은 분이셨는데.' '친절했어.' '늘 화가 나 있었어.' 같은 이미지만을 떠올린다. 만약 담임 선생님이 전혀 기억나지 않는다면, 그건 그 담임 선생님에 대해 어떤 느낌도 가지지 않아서일 가능성이 크다.

우리가 생각하는 기억력을 공부에 적용시켜 보자. 영수 학생은 "나 보기가 역겨워 / 가실 때에는"으로 시작되는 김소월의 〈진달래꽃〉의 시작 부분을 기억하고 있다. 하지만 바로 그 뒤에 나오는 구절이 '말없이 고이 보내 드리오리다'인지, '말없이 고이 보내 드리오리까'인지는 헷갈려 한참을 고민했다. 시가 말하고자 하는 바는 알고 있지만 정확한 글자까지 기억하고 있지는 않은 것이다. 이런 경우, 영수 학생은 〈진달래꽃〉을 모르고 있다고 보아야 할까? 영수 학생이 〈진달래꽃〉의 내용이나 분위기를 정확하게 인지하고 있다면, 그 시를 기억하지 못한다고 볼 수 없다. 그러나 시인의 이름과 제목은 알고 있지만, 그 내용을 전혀 떠올리지 못한다면 〈진달래꽃〉을 기억하지 못한다고 보아야 한다.

기억은 우리가 무엇인가를 있는 그대로 똑같이 외우

는 것을 뜻하는 것이 아니라 그것을 이해하느냐를 의미한다. 그러므로 기억력을 높이고 싶다면 '기억에 잘 집어넣는 방법'을 모색할 필요가 있다.

기억에 잘 집어넣는 방법

우리가 어떤 것을 기억한다는 것은, 달리 말하면 머릿속에 집어넣은 정보를 밖으로 꺼내 놓는 것을 말한다. 이때 필요한 것이 '인출 단서'다. 예를 들어 '사과'라는 단어를 외울 때 그 옆에 물병이 있었다면, 그 물병을 보고 '사과'라는 단어를 기억해 내는 식이다. 여기서 물병은 기억할 대상은 아니지만 인출 단서가 된다. 즉, 인출단서라는 하나의 실마리를 통해 전체적인 기억을 되살리는 것이다. 따라서 공부를 할 때 과목마다 다른 장소에서 공부를 하면 인출 단서를 가지기가 쉽다.

또한 시간 간격을 어느 정도 벌려 놓는 것도 기억력을 높이는 데에 도움이 된다. 그제 5시간 공부하고 어제와 오늘은 공부를 하지 않았다면, 5시간 동안 공부한 내용은 기억에서 쉽게 사라진다. 하지만 5시간을 3일에 걸

쳐 나누어 공부하면 오히려 기억에서 쉽게 꺼낼 수 있게 된다. 왜 그런 것일까? 책상 서랍을 예로 들어 보자. 책상 서랍이 세 칸이라고 할 때, 첫 번째 칸에는 연필, 지우개 등 필기도구를, 두 번째 칸에는 수첩, 공책 등을, 세 번째 칸에는 그 외 물건을 넣어 두면 나중에 물건을 찾아 쓸 때 편하다. 하지만 필기도구, 공책, 잡동사니를 서랍 한 칸에 다 넣으면 세 칸에 나누어 넣었을 때와 달리 찾기가 어렵다. 공부도 마찬가지다. 하루만 5시간을 공부하는 것은 공부한 내용을 머릿속의 어느 한 장소에 집어넣어, 나중에 기억해 내기 어렵게 만든다. 하지만 똑같이 5시간을 공부하더라도 3일에 걸쳐 공부한다면, 그 내용을 머릿속 세 장소에 따로 보관하기 때문에 쉽게 기억해 낼 수 있는 것이다. 이처럼 공부한 것을 잘 기억하려면 인출 단서를 만들고, 장소와 시간을 떨어뜨려 놓는 게 유리하다.

벼락치기 공부를 하면 기억이 잘 안 나는 이유

벼락치기 공부는 한 장소에서 모든 공부를 다 해 버리

는 방식이다. 그러니까 모든 공부에 대한 인출 단서가 똑같을 수밖에 없다. 공부한 모든 과목의 내용이 하나의 인출 단서를 두고 경쟁을 하다 보니 결국 어떤 과목도 뚜렷한 인출 단서를 가지지 못하는 것이다.

또, 벼락치기 공부는 앞서 공부한 내용을 되짚어 보며 점검하는 시간을 갖지 못한다. 이를테면, 매일 2시간씩 공부하는 학생은 전날 공부한 내용을 오늘 다시 살펴보게 된다. 어제 1장을 공부했다면 오늘 2장을 공부하기 전에 1장을 조금이라도 훑어보게 되고, 내일 3장을 공부하기 전에는 오늘 공부한 2장을 보게 되는 식이다. 그러면 100퍼센트 외우지 못했던 내용을 점검할 수 있고, 한 번 훑어보는 것만으로도 복습 효과를 볼 수 있다. 하지만 벼락치기 공부는 한꺼번에 오랜 시간 공부만 하다 보니 이러한 점검을 할 수 없다.

심리학에서는 벼락치기 공부를 '밀집된 학습'이라고 하며, 매일 꾸준히 하는 공부는 '분산된 학습'이라고 한다. 분산된 학습은 자연스럽게 자신의 기억을 점검하게 되지만, 밀집된 학습은 자신의 기억을 점검할 기회를 가지지 못한다. 따라서 벼락치기 공부를 한 아이는 시

험이 끝나면 그 시간 동안 공부한 것들을 거의 다 잊어
버리게 되는 것이다.

인출 단서 만들기, 벼락치기가 아닌 매일 꾸준히 하는 분산된 학습하기

ㄴ

날씨

* 계절성 우울증
* 날씨가 집중력에 미치는 영향
* 날씨에 영향을 받지 않는 법

뇌

* 자존심이 강한 뇌
* 술과 담배가 뇌에 미치는 영향
* 즐거운 뇌
* 뇌의 휴식

계절성 우울증

사람은 계절에 따라 우울증을 겪기도 하는데, 이를 '계
절성 우울증'이라고 한다. 계절성 우울증은 일조량의
변화에 따라 나타나는 증상이다. 가을이나 겨울은 봄이
나 여름에 비해 일조량이 적다. 적은 일조량은 체내 비
타민 D 합성을 줄인다. 비타민 D는 행복한 감정을 느끼
게 해 주는 뇌 신경 전달 물질인 세로토닌과 밀접한 관
련이 있다. 세로토닌 분비의 감소는 사람의 기분을 저
하시켜 쉽게 우울증에 빠뜨린다.

반대로 봄이나 여름에 우울증을 느끼는 사람도 있다. 일조량의 증가로 멜라토닌 조절에 변화가 생기기 때문이다. 멜라토닌은 생체 리듬을 조절하는 호르몬으로, 멜라토닌의 불균형은 생체 리듬을 깨뜨린다. 그래서 많은 전문가들이 계절성 우울증의 원인을 '생물학적 시계의 이상'으로 보고 있다. 생물학적 시계에 이상이 생기면 수면에 장애가 오거나 호르몬의 변화가 일어나게 된다.

계절성 우울증은 주로 일조량이 부족한 가을이나 겨울에 많이 나타나므로, 산책이나 운동을 하면서 햇볕을 쬐는 것이 좋다. 또, 당연한 말이지만 균형 잡힌 식사 역시 계절성 우울증을 극복하는 데에 도움이 된다.

날씨가 집중력에 미치는 영향

우리는 날씨에 알게 모르게 많은 영향을 받는다. 신체의 적절한 온도는 일반적으로 36도에서 37.5도다. 적절한 신체 온도를 유지하면 물질대사신진대사가 활발해지고 혈액 순환이 잘되며 면역력 역시 증가한다. 신체 온도가 1도만 떨어져도 면역력은 30퍼센트나 저하된다는 보고가 나왔을 정도다.

또한, 사람마다 조금씩 다르겠지만 날이 덥거나 비가 오면 대체로 기분이 축 처지고, 날이 춥거나 건조하면 몸은 긴장 상태가 되어 버린다. 이러한 신체와 감정 상태는 집중력에도 영향을 미친다. 너무 춥거나 혹은 더울 때, 비가 오거나 눈이 내릴 때 유독 공부가 잘되지 않는 이유가 바로 여기에 있다. 반면, 적당한 온도와 습도는 몸의 상태를 쾌적하게 만든다.

그렇다고 쾌청한 날씨에 꼭 공부가 더 잘되는 것도 아니다. 날이 좋으면 좋은 대로 마음이 들떠 공부에 집중하기보다는 외부로 눈길을 돌리기 때문이다.

날씨에 영향을 받지 않는 법

우리는 날씨나 날씨에 따른 자신의 감정을 솔직하게 말하는 것을 어려워한다. "비가 와서 우울해."라고 말을 해 버리면 왠지 진짜로 우울해지는 기분이 들어서다. 그런데 말을 하지 않는다고 지금 느끼는 우울한 감정이 사라지는 것은 아니다. 우울한 느낌을 마음속에 계속 담아 둔 채로 있을 뿐이다. 이러한 마음 상태에선 공부도 잘되지 않는다.

날씨에 대한 내 감정을 공부에 전염시키지 않으려면 날씨와 자신의 기분을 솔직하게 말하는 것이 좋다. "오늘은 비가 와서 괜히 우울해지네." 같은 말을 가족이나 친구에게 한 후 "자, 공부하자."라는 말을 해 보자. 그러면 자연스럽게 날씨는 날씨고, 공부는 공부다라는 생각을 하게 되어 날씨를 감정에 전염시키는 상태를 그나마 막을 수 있다.

✏️ --

균형 잡힌 식사하기, 자신의 현재 기분 솔직하게 말하기, 날씨로 인한 감정을 공부에 전염시키지 않기

자존심이 강한 뇌

뇌는 뉴런이라는 신경 세포의 집합이다. 그런데 이 뉴
런은 굉장히 자존심이 강한 존재다. 만약 사람이 뉴런
을 사용하지 않으면 뉴런은 자존심이 상해 자신이 해야
할 일을 잊어버리거나 심지어 자살까지 해 버린다. "공
부 뇌를 만들어라."라는 말은 결국 뇌를 계속 사용해 신
경 세포인 뉴런이 죽지 않도록 해야 한다는 말이다.

공부 뇌를 단련시키기 위해선 매일 조금이라도 공부
를 하는 것이 좋다. 우리가 운동할 때를 생각해 보자. 일

주일에 단 하루만 5시간 운동하는 것보다 5일 동안 1시간씩 운동하는 것이 훨씬 더 효과적이며 근육을 만드는데에도 도움이 된다. 공부 역시 마찬가지다. 일주일에 하루 이틀 시간 내어 장시간 공부하는 것보다는 매일 조금씩이라도 공부를 해야 뇌세포가 단련된다.

술과 담배가 뇌에 미치는 영향

예술가들 사이에선 "술과 담배는 예술의 친구이자 창작의 모티프다."라는 말이 곧잘 돌곤 한다. 그래서인지 예술가라면 당연히 술을 마시고 담배를 피울 것이라 여기는 사람들이 많다. 창작하는 사람에게 술과 담배는 떼려야 뗄 수 없는 필수품이라는 생각이 퍼져 있는 것이다. 그런데 사실 모든 예술가들이 술과 담배를 하는 것은 아니며, 일반인에 비해 더 많은 술을 마시고 담배를 피우는 경우는 대개 창작의 고통에서 오는 스트레스에서 벗어나기 위해서다.

물론 술이 예술가들을 억누르고 있던 제어 장치들을 풀어 주어, 예술가들이 도덕적 또는 윤리적인 측면에서 벗어나 훨씬 더 자유로운 생각을 할 수 있도록 도움을 주기도 한다. 이는 예술가들의 입장에서 제법 큰 의미가 있을 수 있다.

하지만 매번 술에 의존하면 큰 문제가 발생할 수밖에 없다. 술과 담배는 사람의 뇌의 신경 세포를 파괴시키기 때문이다. 예술가를 비롯한 성인뿐 아니라 당연히 청소년에게도 해당되는 일이다. 특히 십 대 초반의 청소년은 신경 세포 간의 연결이 빠르게 생겨나는 성장기에 있다. 신경 세포의 연결 고리인 시냅스가 많이 만들어진 상태에서는 신경 세포에 약간의 손상이 일어나도 다른 연결 고리들의 우회로가 있어 큰 문제가 되지 않는다. 그러니까 여러 뉴런들의 다리가 촘촘히 연결되어 있으면, 하나의 뉴런이 망가져도 우회로의 시냅스가 생기게 되는 것이다. 하지만 성장기 청소년은 이 우회로가 다 만들어진 상태가 아니다. 이러한 상태에서 신경 세포가 손상이 되면 아예 다른 신경 세포와의 연결조차 하지 못하게 되는 것이다. 나이가 어릴수록 신경 세포 간의 연결이 덜 만들어져 있는 상태이므로 그 정도가 더 심해질 수밖에 없다.

십 대 청소년의 음주와 흡연은 단지 공부를 잘하고 못하고의 문제에 그치지 않는다. 평생 사용해야 하는 뇌를 손상시키지 않고 지키기 위해서라도 음주와 흡연은 자제하는 것이 좋다.

즐거운 뇌

우리의 신체는 적당한 운동을 필요로 한다. 그런데 운동을 싫어하는 사람은 마지못해 억지로 운동을 하거나 하루에 단 1분도 운동에 쓰지 않는다. 운동을 하지 않으면 근육량은 줄 수밖에 없고, 조금만 움직여도 쉽게 피로해진다. 반면, 운동을 좋아하는 사람은 누가 시키지 않아도 운동을 한다. 어쩔 수 없이 하는 운동과 좋아서 스스로 하는 운동의 결과는 당연히 다르게 나타난다.

뇌의 훈련 역시 마찬가지다. 자존심 강한 뇌는 억지로 하는 훈련을 좋아하지 않는다. 뇌의 주인이 즐거운 마음으로 한다면 아무리 어려운 훈련이라도 뇌는 기꺼이 소화해 낸다. 선생님이나 부모님이 시켜서 수학 공부를 억지로 하는 아이와 수학 문제의 풀이 과정을 좋아해 수학 공부를 <u>스스로</u> 하는 아이의 학습 효과가 다를 수밖에 없는 이유다. 따라서 공부를 할 때엔 자신의 뇌에게 지금 나는 즐겁게 공부하고 있음을 세뇌시킬 필요가 있다.

뇌의 휴식

영수 학생은 50분 공부, 10분 휴식을 계획했다. 그러고는 휴식 시간엔 인터넷 서핑이나 SNS를 하는 등 무조건 컴퓨터를 하거나 게임을 했다. 이때 영수 학생은 정말 휴식을 취한 것이 맞을까?

일반적으로 우리가 휴식한다는 건 신체를 이완시키고 뇌를 쉬게 하는 것을 의미한다. 뇌도 적당히 쉬는 시간이 필요하다. 그래야 다음 공부를 할 때 힘을 낼 수 있다. 그런데 쉬는 시간에 계속 컴퓨터를 들여다보거나 게임을 한다면, 뇌가 쉬고 있다고 볼 수 없다. 공부가 아닐 뿐 여전히 뇌에 자극을 주는 활동을 하고 있기 때문이다. 따라서 뇌가 진정으로 쉬기를 원한다면 휴식을 게임이나 컴퓨터 등의 활동과 혼동하면 안 된다. '50분 공부하고 10분 쉴 때는 게임 해야지.'가 아니라 '50분 공부하고 5분 게임 하고 5분은 쉬어야지.'처럼 휴식과 다른 활동을 구분시켜 줘야 한다. 그렇지 않으면 우리는 10분 동안 계속 쉰 것도 아니고 논 것도 아닌, 자기기만적인 숨바꼭질을 하게 된다.

매일 뇌세포 단련하기, 술과 담배는 절대 하지 않기, 즐겁게 공부하기, 뇌에게 휴식 시간 주기(게임, 컴퓨터, SNS 등은 뇌의 휴식이 아님)

ㄷ

경험의 연장선

사람의 생각은 기본적으로 '연결성'에서 나온다. 연결성은 경험을 다양하게 함으로써 생각이 확장되는 것을 의미한다. 세상에는 머리도 좋고 재능도 뛰어난 사람이 많다. 하지만 자신이 무엇을 원하고 어떤 재능이 있는지 모른다면 그 좋은 머리와 재능으로도 할 수 있는 게 많지 않다. 이는 연결성이 부족해서 생기는 일이다. 그러니까 나는 어떤 사람이고, 내가 가진 능력이 무엇인지를 알기 위해서는 당연히 여러 경험이 필요하다. 한 공간 안에서 열심히 공부만 한다고 해서 알 수 있는 일이 절대 아니다.

공부만 하는 많은 학생들은 이런 이야기를 자주 한다.

"나는 내가 뭘 해야 즐거운지를 모르겠어."
"앞으로 뭐가 되고 싶은지 모르겠어."

공부를 하는 이유조차 모른 채 책상 앞에 앉아 있기만 하는 것이다. 하지만 다양한 경험을 하는 학생은 그 경험들을 통해 자신이 하고 싶은 일을 찾아낸다. 그리고 대개 그 일이 공부의 목적이나 이유가 된다. 목적이 분명한 학생은 그렇지 못한 학생보다 학업의 집중도가 더 좋을 수밖에 없다. 사람은 무언가를 하고 싶다고 생각한 순간부터 그것을 하기 위해 자신이 할 수 있는 최선의 노력을 기울이기 때문이다.

원트와 라이크
좋아하는 것과 원하는 것의 차이는 무엇일까? 그리고

우리는 좋아하는 일을 할 때 행복할까, 아니면 원하는 일을 할 때 행복할까? 이에 대해 말하기 전에 재미있는 이야기를 하나 소개하고자 한다.

한 아이가 부모님과 함께 공원에 놀러 갔다. 공원에는 이 가족뿐 아니라 많은 사람들이 있었고, 아이들은 너 나 할 것 없이 다양한 풍선을 가지고 있었다. 이 아이는 별 탈 없이 잘 놀다 갑자기 부모님에게 풍선을 사 달라고 조르기 시작했다. 부모님은 아이가 풍선을 좋아한다고 생각해 기꺼이 사 주었다.

한참 풍선을 가지고 잘 놀던 아이는 사람들이 많지 않은 한적한 곳에 이르자 갑자기 들고 있던 풍선을 놓았고, 풍선은 하늘로 날아가 버렸다. 팔이 아파 풍선을 계속 잡고 있기 싫었다는 것이 풍선을 놓아 버린 이유였다. 부모님은 아이의 변덕을 나무라며, 오천 원이나 하는 비싼 풍선을 사 주었더니 이게 뭐냐는 말까지 해 버렸다. 아이는 괜히 서러워 눈물이 터졌다. 공원에서 가족이 함께 보내는 좋은 시간에 서로 감정이 상하는 일이 생겨 버린 것이다.

자, 이 이야기 속 아이는 왜 풍선을 사 달라고 했으

며, 어째서 자신이 사 달라고 조르던 풍선을 그냥 놓아버린 것일까? 그 답은 아주 단순하다. 아이는 풍선을 좋아하지 않았기 때문이다.

그렇다면 우리는 또 다른 질문을 하게 된다. 이 아이는 왜 풍선을 좋아하지도 않으면서 사 달라고 한 것일까? 이번에도 어렵지 않게 답을 찾을 수 있다. 그 공원에 있는 아이들이 풍선을 들고 있었기 때문이다. 즉, 아이는 풍선을 좋아하지 않았지만 다른 아이들이 풍선을 들고 있는 것을 보고 자신도 풍선을 가지고 싶었던 것이다. 이때 아이가 풍선에 대해 가지고 있었던 마음은 단순 '원트want'에 불과하다. 라이크like는 없다.

아이가 팔이 아프다고 풍선을 놓은 장소에는 풍선을 들고 있는 아이들이 없었다. 주변에 풍선을 가지고 있는 아이들이 없으니 이 아이도 더 이상 풍선이 필요 없게 된 것이다.

많은 사람들이 원트를 라이크로 착각한다. 그러나 라이크가 없는 원트는 자신에게 진정한 행복감을 느끼게 하지 못한다. 진정으로 행복을 느끼고 싶다면 원트와 라이크를 제대로 구별할 수 있어야 하는데, 그 구별을 도와주는 것이 다양한 경험이다. 이야기 속 이 같은 경험은 아이뿐 아니라 부모에게도 아이가 풍선을 좋아하지 않는다는 사실을 깨닫게 해 주었다. 즉, 경험이 원트와 라이크를 구별해 내는 요소로 작용한 것이다.

라이크의 효율성

'재능 있는 사람은 노력하는 사람을 이길 수 없고, 노력하는 사람은 즐기는 사람을 이길 수 없다.'라는 말이 있다. 어떤 일을 할 때 그 일을 즐기는 사람은 굳이 의지를 굳건하게 다지지 않아도 시간과 공을 들여 노력한다. 자신이 즐거우니 자연스럽게 하는 것이다. 이때, 즐기는 사람은 노력을 노력으로 생각하지 않는다. 즐거워서 하는 일이기 때문에 노력이 일종의 놀이가 되는 것이다.

재능은 별다른 어떤 것이 아니다. 자신이 좋아하는 일을 찾아 그것을 즐겁게 하는 것이 바로 재능이다. 이러한 이유로 라이크는 재능, 노력, 즐기는 마음이 다 포함되어 있다고 할 수 있다.

이는 공부에도 그대로 적용된다. 선생님이나 부모님

이 억지로 시켜서 공부하는 학생과 스스로 좋아서 공부하는 학생의 성적은 다를 수밖에 없다. 공부를 통해 많은 것을 알아가는 과정을 즐길 수 있다면 성적 또한 자연스럽게 올라갈 것이다.

직접 경험과 간접 경험

우리가 하는 경험에는 직접 경험과 간접 경험이 있다. 직접 경험은 자신이 직접 체험해 얻는 경험이고, 간접 경험은 독서나 영화, 공연 관람 등을 통해 간접적으로 얻는 경험을 말한다. 즉, 직접 경험과 간접 경험의 가장 큰 차이는 머리가 아니라 손발에 있다. 보고 듣는 감각을 통해서만 경험할 수 있는 간접 경험과 달리 직접 경험은 직접 만지거나 향을 맡거나 먹을 수도 있다. 이를 테면, 사과밭에서 손수 사과를 따는 경험은 시각과 청각뿐 아니라 영상으로 보았을 때는 느낄 수 없었던 촉각, 후각, 미각까지도 사용하게 만드는 것이다.

사람의 뇌는 두 가지 감각만을 가지고 경험할 때보다 다섯 가지 감각을 다 가지고 경험할 때 그것을 진짜 경험으로 인식한다. 그리고 사용하는 감각 기관이 많을수록 뇌가 더 많이 활성화된다.

오로지 시각과 청각만을 사용하는 간접 경험에 의한 기억은 사람의 뇌에 오랫동안 저장되지 않는다. 특히 시각 정보는 '건조한 정보dry information'로 사람의 정서를 건드리는 기능이 약하다.

우리가 최대한 많은 경험을 하려는 이유는 그 경험을 통해 얻은 다양한 정보를 훗날 필요할 때 다시 떠올리며 사용하기 위해서다. 그러려면 우리가 한 경험이 기억 속에 잘 저장되어 꺼내고 싶을 때 꺼낼 수 있어야 한다. 그런데 간접 경험과 같이 감정을 건드리지 못한 경험은 대체로 다시 꺼낼 수가 없다. 애당초 기억 속에 온전히 저장되어 있지 못했기 때문이다. 이는 우리의 경험으로도 충분히 확인할 수 있는 일이다.

예를 들어 보자. 작년 개학식 날을 떠올리면 어떤 것이 생각나는가? 긴 여름 방학이 끝나고 오랜만에 만난 친구들과 나눈 대화 내용보다는 방학 동안 있었던 일들을 서로 이야기하느라 떠들썩한 교실 분위기, 방학식 때와 달리 선선한 공기, 도란도란 대화를 나누며 느꼈던 편안함 같은 것들이 먼저 떠오를 것이다. 또 다른 예로, 우리가 오랫동안 기억하는 말을 생각해 보자. 대체로 우리의 감정을 건드린 것들이다. "너 오늘 정말 멋지구나." "오늘 너 좀 무섭다." 등 감정을 건드려서 기쁘거나 화가 났던 말들은 잘 잊히지 않는다.

이처럼 정서나 감정을 건드리는 경험은 기억 속에 쉽게 저장되며, 훗날 필요할 때 쉽게 꺼낼 수 있다. 그렇기 때문에 우리는 간접 경험보다는 직접 경험을 최대한 많이 할 필요가 있다.

대표적인 간접 경험, 독서의 효과

직접 경험의 효과가 더 큰 것은 사실이지만, 그렇다고 간접 경험이 의미 없는 것은 아니다. 현실적으로 사람은 세상의 모든 일을 다 경험할 수 없다. 간접 경험은 우리가 미처 체험하지 못했던 것들을 간접적으로나마 알게 해 준다는 장점이 있다.

특히 독서는 간접 경험 중에서도 상당히 적극적인 경험에 속한다. 텔레비전이나 영화는 시각과 청각 정보를 다 제시해 주기 때문에 우리의 뇌가 할 일이 별로 없다. 하지만 독서는 글을 읽으며 시각적인 것을 떠올려야 되고 촉각을 만들어 내야 되며, 이 외에도 다른 여러 가지 것들을 상상해야 된다. 이때 우리의 뇌는 왕성한 활동력을 보인다. 즉, 독서는 수동적으로 입력되는 것이 아니라 적극적인 입력을 필요로 하는 일인 것이다.

독서를 통해 입력되는 정보는 뇌의 시냅스 형성을 자극하며 뇌질환에 대한 면역력을 높여 줄 뿐 아니라 스트레스 해소에도 도움을 준다. 영국의 서식스대학교 인지신경심리학 데이비드 루이스 박사 연구팀은 스트레스 해소법으로 독서를 권하기도 했다. 이 연구팀의 연구 결과에 의하면 책을 6분 정도 읽을 경우 스트레스는 68퍼센트 감소하고, 심장 박동수는 낮아지며 근육의 긴장이 풀린다고 한다.

독서의 효과는 이뿐만이 아니다. 독서는 자기 자신을 바라보게 만들기도 한다. 이제까지 자신이 알고 있었던 세상은 한 권의 책만으로도 더 확장될 수 있다. 독서를 통해 경험하지 않아 몰랐던 세상의 일, 감각, 정서, 철학 등을 접함으로써 한 단계 더 높은 수준의 세상을 보게 되는 것이다. 이는 곧 지금의 자신을 반성하게 하거나 성장시키는 일이며, 타인에 대한 공감 능력을 높여 주는 일이다.

마지막으로 독서는 행복감을 느끼게 해 준다. 한 권의 책을 다 읽었을 때 느끼는 성취감이 행복 호르몬이라 불리는 도파민의 분비를 늘려 행복감으로 이어지는 것이다.

학생에게 연애는 사치일까?

청소년들이라면 누구나 한 번쯤은 주변 어른들에게 이런 말을 들어 보았을 것이다.

> "대학 가서 연애해도 늦지 않아. 지금은 공부하는 데에 집중해."

이 같은 말은 연애가 공부에 방해된다는 것을 함의한다. 하지만 어른들의 걱정과 달리 청소년들도 연애를한다. 누군가를 좋아하고, 좋아하는 사람과 함께 시간을 보내고 싶은 마음은 어른들만의 것이 아니다. 나이와 무관하게 사람이라면 누구나 가질 수 있는 당연한 마음이며, 마음이 이끄는 대로 연애하는 것은 자연스럽기까지 하다. 그럼에도 연애를 무조건 반대하는 어른이 아직도 많다는 것은 놀라운 일이다.

연애는 정말 공부에 도움이 되지 않는 것일까? 연애와 공부는 상반되는 것이 아니다. 연애를 하면 공부를 못하고, 연애를 안 하면 공부를 잘한다는 것은 이분법적 사고방식에 불과하다. 연애를 하든 그렇지 않든 중요한 것은 오늘 하루를 의미 있게 살아야 한다는 것이다. 오늘 하루를 의미 있게 사는 사람은 1년의 단위든, 10년의 단위든 의미 있는 삶을 살 수 있기 때문이다.

의미 있는 삶은 수학 공식처럼 정해져 있는 것이 아니다. 하지만 '자신이 좋아하는 것을 경험하면서 자신이 하지 않으면 안 되는 일을 완성하는 것'이라는 조건은 갖추고 있어야 한다. 쉽게 말해 좋아하는 일만 한다면, 해야만 하는 일을 놓치게 된다. 반대로 해야만 하는 일만 한다면, 삶의 즐거움은 사라진다. 따라서 좋아하는 일과 해야만 하는 일의 밸런스를 맞추는 것이 중요하다는 의미다.

학생의 경우 공부는 해야만 하는 일이고, 연애는 좋아하는 일이 될 것이다. 이 둘의 밸런스가 맞으면 공부에서든 연애에서든 더 큰 효과를 얻어 낼 수 있다. '연애는 나중에'가 꼭 공부에 도움이 된다고 볼 수만은 없다.

행복과 연애

"너 왜 사니?"

우리는 종종 이런 질문을 받는다. 혹은 스스로 이런 질문을 하기도 한다.

"나는 왜 살지?"

이에 대한 답으로 흔하게 생각할 수 있는 것은 '행복하기 위해서'다. 행복하고자 애를 쓰는 시간이 많다 보니 어느샌가 삶의 목적은 '행복'이 된 것 같기도 하다.

연세대학교 심리학과 서은국 교수는 자신의 저서《행복의 기원》에서 "행복은 삶의 목표가 아니다. 행복은 오래 살기 위해 자주 느껴야 하는 도구다."라고 말한 바 있다. 행복하기 위해 사는 것이 아니라 행복해야 오래 살 수 있다는 것이다.

청소년이 공부를 하는 건 행복해서가 아니다. 해야만 하는 것이기 때문에 하는 것이다. 반면, 연애는 좋아하는 일에 속한다. 누군가를 사랑하고, 그 사람과 함께 있는 일은 행복도가 높은 일이다. 학생이기 때문에 공부가 중요한 일인 것은 맞지만, 학생이기 이전에 한 사람이므로 행복한 시간을 가지는 것도 중요하다. 청소년 역시 오래 살기 위해 행복한 시간을 가질 권리가 있다. 다만, 장기적인 목표를 위해 연애의 양을 조절하는 훈련은 필요하다.

다양한 경험으로 내가 좋아하는 것 찾기, 되도록 직접 경험 많이 하기, 뇌의 활동을 왕성하게 하는 독서하기, 좋아하는 일과 해야 하는 일의 밸런스 맞추기

동기

접근 동기와 회피 동기

사람의 욕망은 크게 두 가지 축으로 되어 있다. 하나는 좋은 것을 바라는 욕망이고, 다른 하나는 싫거나 무서운 것을 피하고자 하는 욕망이다. 그리고 욕망은 사람을 변화시키는 힘으로 작용한다. 이를테면, 원하는 대학을 가기 위해 열심히 공부를 한다거나, 벌을 받지 않기 위해 오늘 열심히 숙제를 하는 식이다. 이 두 욕망을 적절히 자극하면 사람은 보다 좋은 결과를 만들어 낼 수 있다. 인지심리학에서는 이를 '접근 동기'와 '회피 동기'

로 설명한다.

접근 동기는 좋은 것을 가져서 무엇인가를 향상시키는 데에 도움이 되고, 회피 동기는 싫거나 나쁜 것을 막아 예방하는 데에 도움이 된다. 만약 영수 학생이 '나는 변호사가 되고 싶어. 그러려면 좋은 성적을 받아야 하니까 지금보다 더 열심히 공부해야지.'라는 각오를 다지고 공부를 한다면 이는 접근 동기에 해당된다. 이처럼 접근 동기는 자신이 원하는 것이 무엇인지 알아야 건드릴 수 있다.

반면, 회피 동기는 지금 당장 일어날 가능성이 높은데 그 상황을 피하고 싶을 때 활용하면 좋다. 만약 영수 학생이 '과제를 하기 싫지만 하지 않으면 벌을 받겠지. 벌 받는 건 정말 싫어.'라고 생각해 과제를 한다면, 이는 회피 동기를 건드린 것이 된다.

공부에 도움이 되는 접근 동기와 회피 동기

인생을 살다 보면 종종 포기해야 하는 것들이 생긴다. 대개 자신의 능력으로 할 수 없는 것들이 포기 대상이 된다. 그런데 어떠한 일들은 얼마든지 할 수 있는데도 하지 않고 포기해 버리는 경우도 있다. 쉽게 말해 할 수 있는 것인데도 귀찮아서, 혹은 하기 싫어서 할 일을 미뤄 버리는 것이다. 이를테면, '지금은 놀고 내일 공부해야지.'처럼 오늘 해야 할 일을 포기하는 식이다. 오늘 할 공부를 다음으로 계속 미루다 보면 당연히 좋은 성적을 낼 수 없다.

그런데도 우리는 쉽게 해야 할 일을 미루곤 한다. 이러한 상황이 반복해서 나타나는 이유는 무엇일까? 바로 접근 동기가 없기 때문이다. 사람은 동기가 없으면 잘 움직이지 않는다. 대체로 자신이 원하는 것을 가지기 위해 움직이고, 자신이 좋아하는 것을 떠올리며 힘을 낸다. 공부 역시 마찬가지다. 내가 원하는 것을 정확하게 알고 그것을 위해 노력해야겠다는 각오가 서면 공부에 매진할 수밖에 없다. 그렇기 때문에 접근 동기는 공부를 할 때 아주 중요한 요소가 되는 것이다.

하지만 시험일이 가까워지면 회피 동기 스위치를 켜야 한다. 접근 동기가 시간이 필요한 일에 더 효과적이라면, 회피 동기는 앞서 이야기했듯이 당장 오늘이나 내일 겪을 수 있는 싫은 일을 피하는 데 효과적이기 때문이다. 즉, 접근 동기와 회피 동기 중 어떤 동기를 활용할 것인지에 대한 기준은 '시간'이 되기도 한다.

투 데이트와 투 고의 프레임

42.195킬로미터를 뛰는 마라톤 선수는 중간 지점에 도달하기 전까지 이런 말들로 자신을 격려한다.

> '5킬로미터나 뛰었네.'
> '10킬로미터까지 왔구나.'
> '잘하고 있어. 계속 이렇게 가자.'

자신이 어디까지 왔는지 계속 되새기며 힘을 내는 것이다. 하지만 절반 이상 뛰었다면, 그때부터는 격려하는 방식을 달리해야 한다.

> '이제 15킬로미터밖에 남지 않았어.'
> '이제 5킬로미터 남았어.'

'다 왔어. 거의 다 왔어.'

거리에 따라 격려 메시지가 어떻게 바뀌었는지 혹시 알아챘는가? 중간 지점을 지나기 전까지는 접근 동기로, 중간 지점을 지난 후에는 회피 동기로 메시지 내용이 바뀌었다. 왜 그런 것일까? 사람은 무언가를 할 때 초반 50퍼센트까지는 자기가 얼마나 했는지를 알아야 더 열심히 한다. 하지만 반환점을 돈 뒤에도 '우아, 35킬로미터나 왔네.'라고 생각하면 만족감에 사로잡혀 긴장감은 사라지고 포기가 쉬워진다. 따라서 50퍼센트가 넘어가면, 해야 할 일이 얼마나 남았는지를 알려 주어야 한다. 이제 성공이 얼마 남지 않았다고 생각하면 포기할 수 없다. 조금만 더 노력하면 결승점에 다다를 수 있는데 어떻게 포기하겠는가.

공부를 할 때에도 이런 자세가 필요하다. 공부를 시작할 때, 한참 공부 중일 때, 시험이 가까워졌을 때에 따라 마음의 자세를 바꿔 줘야 한다. 심리학에서는 이를 각각 투 데이트to date와 투 고to go 프레임이라고 한다. 투 데이트는 지금까지 얼마나 했느냐에 대한 프레임이다. 반환점을 돌기 전까지는 투 데이트 프레임이 도움이 된다. 반면 투 고는 앞으로 남은 일이 얼마인지에 대한 프레임으로, 반환점을 돈 뒤에는 투 고 프레임이 도움이 된다. 반환점을 돈 뒤에도 투 데이트 프레임에 갇혀 '이만큼이나 공부했어.'와 같은 만족감을 가지고 있으면 더 해야 하는데도 불구하고 오늘 일을 내일로 미루는 게 쉬워지는 것이다.

평소에는 접근 동기 스위치 켜기, 시험 일이 다가오면 회피 동기 스위치 켜기, 투 데이트와 투 고 프레임 적절히 사용하기

라이벌

* 라이벌은 꼭 필요할까?
* 라이벌 설정을 통한 공부법

라이벌은 꼭 필요할까?

버지니아대학의 심리학자 벤저민 컨버스는 라이벌의
의미와 기능을 연구했다. 그에 따르면 라이벌은 업적
관심[legacy concern]을 자극한다고 한다. 업적 관심이란, 내
가 지금 하고 있는 일이 미래에 어떻게 기억되고 평가
받을까에 대한 관심과 걱정을 말한다. 라이벌이 있으면
업적 관심이 상승되고, 이렇게 상승된 업적 관심이 자
신의 일을 더 잘하게 만든다는 것이다.

　그렇다고 라이벌 의식이 모든 일에 다 긍정적인 효

과만을 가져오진 않는다. 라이벌이 있을 때 더 좋은 결과를 얻는 경우가 있고, 그렇지 않은 경우도 있다. 벤저민 컨버스는 라이벌 의식의 특징을 세 가지로 분석했다.

첫째, 라이벌 의식은 수비적인 일을 할 때보다 공격적인 일을 할 때 더 효과적이다. 다시 말해, 자신에게 없는 것을 가지기 위해서는 라이벌 의식이 필요하다는 말이다. 대신 수비 전략을 짤 때에는 비효율적이다. 빼앗기지 않기 위해 하는 일, 실수하면 안 되는 일에는 오히려 역효과가 난다. 둘째, 당장 해야 하는 일에 적합하다. 어떠한 일이든 잠시 유보하고 기다려야 하는 경우가 있다. 이때 라이벌 의식은 차분하게 기다리는 일을 하지 못하게 만든다. 셋째, 라이벌 의식은 순간적인 에너지를 내는 일에는 효과적이지만, 오랜 시간 해야 하는 일에는 조심성을 떨어뜨려 역효과를 낸다.

이 세 가지를 종합해 보면, 라이벌 의식이 고취되면 지금 당장 해야 하는 일에는 도움이 되지만 끈질기게 해야 하는 일에는 그렇지 못하다는 것을 알 수 있다. 공부 역시 마찬가지다. 지금 당장 해야 하는 공부, 지금까지 전혀 안 했지만 짧은 시간 안에 굉장한 에너지를 소모해서 하는 공부에는 라이벌 의식이 도움이 된다. 그러나 끈기를 가지고 오랫동안 해야 하는 공부, 정확하게 알아야 하며 실수를 해서는 안 되는 공부에는 라이벌 의식이 별로 필요하지 않다. 즉, 장기적으로 보고 공부를 해야 하는 상황에서는 '난 저 애를 이기기 위해 공부해야 한다.'라는 마음가짐이 결코 좋다고 볼 수 없다.

라이벌 설정을 통한 공부법

짧은 기간에 목표를 달성해야 하는 경우에는 라이벌이 필요하다. 이를테면, 수학 경시 대회 같은 다양한 경시 대회가 이에 해당된다. 또, 오늘 하루 공부에 집중하고 열심히 하기 위해서는 라이벌이 있는 것이 도움이 되기도 한다. 하지만 매일 아침 일어나자마자 라이벌을 떠올리고 그 라이벌을 이기기 위해 공부를 하겠다고 생각한다면, 정신적 피로감이 매우 클 것이다. 따라서 매일 아침 라이벌을 떠올리기보다 하루의 공부가 다 끝났을 때 '오늘처럼 이렇게 공부하면 우리 반에서 1등 하는 영수처럼 될 수 있을 거야.'처럼 생각을 하는 것이 오히려 긍정적인 효과를 얻을 수 있다. 이러한 생각은 '내가 이렇게 계속 공부하다 보면 1년 후에는 반에서 1등을 할 수도 있고, 2년 후에는 철수처럼 전교 5등을 할 수도 있겠구나.'와 같은 구체적 그림을 그릴 수 있기 때문이다.

짧은 시간 내에 목표를 달성해야 할 경우에는 라이벌 의식 활용하기, 장기적인 공부를 할 때는 라이벌 의식 버리기

후회의 실체

후회는 다른 사람과 비교했을 때 만들어지는 감정이다. 친구가 가진 휴대 전화가 내 것보다 더 좋으면 '아, 나도 저거 살걸.'이라고 후회하게 된다. 어떤 식으로든 비교를 통해 만들어지는 것이 후회인 것이다. 공부에서도 마찬가지다. 다른 누구보다 내가 공부를 더 잘해야 후회가 남지 않는다. 즉, 여기에서도 비교가 작용하는 것이다.

그런데 이렇게 '후회 없는 공부'를 한 후 선택한 대

학이 반드시 자신을 만족시키는 대학이 아닌 경우도 있다. 많은 학생들이 대학의 선택 기준을 자신이 좋아하는 것이 아닌 성적으로 삼기 때문이다. 후회 없이 공부해 높은 점수를 받고는 누구나 다 좋다고 인정한 대학을 간다. 그리고 만족스러운 대학 생활을 할 수 있을 거라 기대한다. 하지만 자신이 뭘 원하는지 모르는 상태에서 어떻게 만족감을 느낄 수 있겠는가. 만족은 비교를 통해 얻을 수 있는 것이 아니라 자신이 원하는 것을 하거나, 자신이 좋아하는 것을 이룰 때 얻을 수 있는 감정이다. 따라서 후회를 남기지 않기 위해 열심히 공부한다고 하더라도 그 결과가 반드시 만족감을 가져다준다고는 볼 수 없는 것이다.

후회 없는 대학 선택

우리나라 학생 대부분은 대학 입학을 목표로 공부한다. 그런데 그 목표는 대개 자신이 원하는 대학이 아니다. 부모님이 원하는 대학이거나, 자신의 성적에 맞춘 대학이다. 왜냐하면 학생은 자신이 어떤 대학에 가면 좋은

지 알지 못하기 때문이다. 어떤 대학에 가야 자신에게 도움이 되고 진정으로 만족할 수 있는지를 알기 위해서는 자신이 원하는 대학을 적극적으로 선택하고, 그 대학을 조사하는 충분한 시간과 노력이 필요한데, 우리나라 학생들의 경우 공부하는 것만으로도 시간이 부족해 그러지 못하고 있다. 자신이 진지하게 고민하고 선택한 대학이 아니다 보니 아무리 이름난 대학이라도 만족하지 못하고 자퇴를 하는 학생들이 생긴다.

자신을 진정으로 만족시킬 수 있는 대학을 선택하려면 어떻게 해야 할까? 가장 먼저 자신이 무엇을 원하는지부터 파악해야 한다. 그 이후엔 자신이 가고 싶은 대학에 가 보고, 그 대학에서 제공하는 다양한 프로그램을 체험해 보는 일이 필요하다. 어떤 부모님들은 이러한 일을 할 시간에 차라리 공부를 더 하는 것이 낫다고 말하기도 한다. 그러고는 입시 철이 다가오면 자신이 대신 대학 입시 설명회를 다니며 자녀의 공부 시간을 확보한다. 하지만 이는 자녀가 스스로 생각하는 시간을 빼앗는 일일 뿐 아니라, 만족을 주는 대학을 스스로 선택할 수 있는 기회를 가로막는 일이기도 하다.

만족감을 주는 대학이란 누구나가 다 좋다고 말하는 대학도 아니며, 점수에 맞춰 가는 대학도 아니다. 바로 자기 자신의 관심사와 연결되어 있으며, 그 관심사를 최대한 잘 배울 수 있는 대학이다.

우리나라 기업들은 채용할 때 진짜 대학 간판만 볼까?

어른들이 청소년들에게 자주 하는 말이 있다.

> "대기업에 들어가려면 스카이^{서울대·고려대·연세대} 정도는 나와야 해."

아직 세상 경험이 부족한 청소년들은 이러한 말에 쉽게 현혹된다. 그런데 정말 우리나라에서는 명문대를 나와야만 대기업에 취직할 수 있는 것일까?

오늘날 한국의 어떤 기업도 서울대학교를 나왔다는 이유만으로 사람을 뽑지 않는다. 명문대 출신이라고 무조건 채용하는 현상은 이미 사라진 지 오래다. 현재 많은 기업들이 그들만의 인사 시스템을 구축해 회사에 적합한 인재를 찾는다. 그래야 시장에서 경쟁력을 가질 수 있기 때문이다. 이를 뒷받침해 줄 자료도 있다. 《다윗과 골리앗》의 저자 말콤 글래드웰은 하버드대학의 하위 30퍼센트 학생들보다 지방 대학의 상위 20퍼센트 학생들이 훨씬 더 똑똑하고, 취업한 후에도 더 많이 성장한다는 사실을 데이터를 통해 알아냈다. 즉, 꼭 명문대가 아니더라도 어느 대학에서든 상위권을 차지하는 학생들은 자신의 학과에 만족하고 몰입한다는 것이다. 그래서 미국의 많은 기업들이 채용을 할 때 학교 이름만 보고 판단하지 않는다. 이러한 현상은 오늘날 우리나라에서도 나타나고 있다.

중요한 것은 대학 이름이 아닌 '학과'

영수 학생은 심리학과를 가고 싶어 했다. 그리고 실제로 명문대는 아니더라도 수도권에 위치한 한 대학의 심리학과에 들어갈 정도의 성적은 되었다. 그런데 주변 어른들은 학과보다는 대학이 중요하다며 영수 학생에게 무조건 서울대학교를 가야 한다고 설득했다. 영수 학생이 심리학과를 포기한다고 해서 서울대학교를 갈 수 있는 것은 아니었다. 그러나 지금보다 더 열심히 공부하면 영수 학생이 생각한 학교보다 한 단계 높은 대학은 갈 수 있었다. 다만 그렇게 하면 영수 학생이 가고 싶은 심리학과는 포기해야 했다. 한 단계 높은 대학의 심리학과는 열심히 공부하더라도 승산이 없기 때문이다. 결국 영수 학생은 자신이 원하던 심리학과가 아닌, 한 단계 높은 대학의 다른 전공을 선택했다. 영수 학생은 왜 이런 선택을 하게 된 것일까?

영수 학생의 선택에는 자신의 성향보다 부모님과 주변 어른들의 기대가 더 크게 작용했기 때문이다. 영수 학생의 부모님은 아들이 좀 더 높은 단계의 대학에 가기를 바랐다. 그래야 아들이 '좀 더 나은 삶'을 살 수 있을 것이라 믿었다. 이때 부모님이 생각하는 좀 더 나은 삶이란 좋은 대학을 나와 좋은 직장에 취직하는 것이다. 아들의 적성이나 취향은 좀 더 나은 삶의 범주에 있지 않았다.

그런데 현실적으로 볼 때, 이러한 선택은 결국 영수 학생에게 만족감을 주지 못하는 결과로 이어질 가능성이 크다. 원치 않는 공부를 한다는 건 입시 준비를 해야만 했던 고등학교 과정만큼 힘들고 어려운 일이다. 당연히 제대로 된 공부를 할 수 없고, 그에 대한 결과로 좋은 학점을 받기도 힘들다. 학점이 좋지 않다면, 과연 부모님이 바라는 좋은 직장에 취직할 수 있을까? 단정적인 결론은 내리지 않을 것이지만, 각자 진지하게 생각해 보는 시간을 가졌으면 한다.

내게 만족감을 줄 대학과 학과 고민하기

멀티태스킹

멀티태스킹에 대한 흔한 착각

두 가지 일을 동시에 하는 사람이 있다. 예를 들어 음악을 들으며 공부를 한다거나, 공부를 하면서도 친구와 문자를 주고받는 식이다. 두 가지 일 이상을 동시에 하는 것을 멀티태스킹이라 하는데, 멀티태스킹을 하는 친구들은 두 가지 행동을 한 번에 하면 시간을 더 효율적으로 쓸 수 있다고 생각한다. 그런데 멀티태스킹이 공부를 하는 데에도 효과가 있을까?

인지심리학자들은 멀티태스킹을 '악마'라 말한다.

기본적으로 사람은 멀티태스킹이 가능하지 않은데도 잘 해내고 있다고 착각하게 만들기 때문이다. 사람들의 이러한 착각을 잘 활용하는 사례로, 쇼핑 센터나 마트에서 흘러나오는 음악을 들 수 있다. 이러한 곳에서는 누구나 쉽게 따라 부를 수 있는 경쾌한 음악을 튼다. 사람들은 스피커를 통해 나오는 이 음악에 맞춰 노래를 흥얼거리며 쇼핑을 한다. 이때 사람들은 음악을 듣고 따라 부르는 일을 잘하고 있으니, 쇼핑 역시 잘하고 있다고 착각하게 된다. 하지만 자신도 모르게 음악에 빠져 제대로 된 계산을 하지 못하게 되고, 원래 계획한 물건보다 더 많은 물건을 구입한다. 이처럼 동시에 두 가지 일을 한다는 건, 대체로 두 가지 일을 다 제대로 못하고 있다고 보는 것이 옳다.

그렇다면 우리는 왜 두 가지 일을 동시에 할 수 있다고 믿는 것일까? 그 이유는 정보를 심층적이기보다는 피상적으로만 이해하기 때문이다. 쉽게 말해 동시에 하는 두 가지 일 중 한 가지가 잘되면, 나머지 일도 잘되고 있는 거 같다는 느낌이 전염되는 것이다. 하지만 잘되고 있는 느낌을 주는 것일 뿐 실제로 잘되고 있는 것은 아니다. 예를 들면, 많은 학생들이 음악을 들으며 공부할 때 집중이 더 잘된다고 생각한다. 그러나 이는 착각에 불과하다. 음악을 듣는 행위 자체를 잘하고 있으니 공부도 잘되고 있다고 생각하는 것뿐이다. 게다가 두 가지 일을 동시에 하면 기억력이 약 10~20퍼센트까지 떨어지는 역효과를 낳는다.

선택적 지각, 스위칭

우리는 멀티태스킹과 스위칭을 혼동하고는 한다. 스위칭을 잘해서 생기는 현상을 마치 멀티태스킹을 하는 것으로 오해하는 것이다. 스위칭이란, 두 가지 혹은 그 이상의 일을 번갈아 가면서 해내는 것을 뜻한다. 이를 가능하게 만드는 것은 집중력의 빠른 이동이다. 예를 들어 스마트폰으로 문자를 주고받다가도 영어 공부가 시작되면 재빨리 공부에 집중하는 것이다. 이때 두 일이 겹쳐지는 순간이 있는데, 사람들은 이를 멀티태스킹을 잘하는 것으로 착각한다. 하지만 멀티태스킹처럼 보일 뿐 실제로는 스위칭을 잘하는 것이다. 앞서 이야기했듯이 사람은 멀티태스킹이 안 된다. 따라서 본인은 두 가지 이상의 일을 동시에 할 수 있다고 믿고, 음악을 듣거나 스마트폰으로 문자를 주고받으며 공부하는 것은 바람직하지 않다. 오히려 공부하는 데에 방해만 될 뿐이다. 공부를 효율적으로 하고 싶다면 오로지 공부에만 집중하는 것이 좋다.

사람은 멀티태스킹이 불가능하다는 것을 기억하기

■ 목표

목표 설정

　'서울대 ○○학번'

　영수 학생은 책상에 자신의 목표를 적어 두었다. 아무래도 목표가 분명해야 공부에 도움이 될 것 같아서다. 그런데 서울대 입학이 영수 학생의 생각처럼 정말 분명한 목표라고 할 수 있을까? 결론부터 말하자면 아주 막연한 목표다. 영수 학생의 서울대라는 목표는 저

멀리 보이는 길의 끝에 있다. 지금 있는 곳에서 멀리 있다는 것만 느낌으로 알 수 있을 뿐, 그 거리를 구체적으로 알 수는 없다. 영수 학생과 서울대 사이의 길엔 어떤 표지판도 없기 때문이다. 그래서 서울대를 향해 걸어가더라도 앞으로 얼마나 더 가야 하는지 전혀 알 수 없다. 즉, 서울대 입학이라는 단순 명료한 목표는 거리 측정이 불가하다. 이와 더불어 내가 서 있는 지점을 알 수 없게 만든다. 이러한 목표는 분명한 목표라 할 수 없다. 목표만 있을 뿐, 목표로 가는 길을 알려 주지 않기 때문이다. 목표를 세우는 이유는 그 목표를 향해 가기 위해서다. 그런데 어떤 길로 얼마나 더 가야 하는지 알 수 없다면, 좋은 목표가 아니다.

좋은 목표란 내가 해야 할 바를 분명하게 제시해 준다. 따라서 좋은 목표가 되기 위해서는 두 가지 조건이 필요하다. 첫째, 목표는 조작이 가능한 단위여야 한다. 심리학에서는 '조작 가능한 단위'를 낱낱의 수나 분량을 기준으로 하는 촘촘한 단계로 인식한다. 만약 영수 학생이 '이번 시험에서 전국 1,000등 안에 들기'라는 목표를 세웠는데, 시험 결과 아쉽게도 1,050등에 그쳤다고 가정해 보자. 원하는 목표를 이루지는 못했지만 그렇다고 영수 학생에게 아무 성과가 없었던 것은 아니다. 적어도 그는 자신의 현재 지점을 알게 되었다. 이 경우 영수 학생은 다음 시험에서 앞에 있는 51명을 제치면 목표를 달성할 수 있으므로, 어떤 노력을 얼마나 더 해야 할지 가늠하고 계획할 수 있게 된다. 이처럼 조작 가능한 단위로의 목표는 자신의 현재 위치에서 목표까지 거리를 구체적으로 보여 준다.

둘째, 목표는 타협이 가능한 것이어야 한다. 서울대를 목표로 한 영수 학생이 서울대를 가지 못했다고 가정해 보자. 그럼 영수 학생은 목표를 달성하지 못한 실패한 사람이 되어 버린다. 서울대에 버금가는 대학을 가더라도 목표를 이루지 못한 영수 학생은 큰 상실감과 자신에 대한 실망감을 가질 수밖에 없을 것이다. 그런데 만약 영수 학생이 '내가 원하는 공부를 자유롭게 할 수 있는 대학에 들어가기'를 목표로 정했다면, 목표의 선택 범위는 훨씬 더 넓어진다. 자신의 성적에 맞게 서너 개의 대학을 추린 뒤, 그 대학들을 목표로 정할 수 있기 때문이다.

서울대는 우리나라에서 알아주는 명문대이지만, 그렇다고 모두가 서울대를 목표로 삼고 가야만 하는 것은 아니다. 학생들은 저마다의 적성과 취향이 있다. 또, 각자 삶의 의미나 지향점도 다르다. 어떠한 대학이 목표가 될 때에는 적어도 이러한 가치들을 고려해야 하는 것이다. 그런데 이러한 가치를 무시한 채 오로지 서울대를 목표로 하는 것은, 자신을 아무 생각 없이 서울대에 구겨 넣겠다는 말과 다름없다.

공부할 수 있는 목표

누군가 '목표란 무엇일까?'라고 묻는다면, 대부분 '자신이 원하거나 가지고 싶은 것'이라고 답할 것이다. 그리고 목표는 그냥 세우면 된다고 생각한다. 그러나 이는 목표를 잘못 알고 있는 것이다. 제대로 된 목표는 사람을 생각하게 만든다. 이를테면 '좋은 대학'을 목표로 삼았다고 가정해 보자. 이 목표는 '좋은 대학이란 무엇인가?'에 대한 질문까지 포함하고 있다. 그렇기 때문에 아주 자연스럽게 그 해답을 찾을 수밖에 없다. 다른 사람들이 좋다고 하는 대학이 좋은 대학인가, 아니면 내가 원하는 공부를 할 수 있는 대학이 좋은 대학인가에 대해 생각해 봐야 한다. 만약 내가 원하는 공부를 할 수 있는 대학이 좋은 대학이라고 생각한다면, 내가 원하는 공부는 무엇인지, 내가 원하는 공부를 찾기 위해서 나는 어떤 것부터 시작해야 하는지 등등 질문과 해답이 꼬리에 꼬리를 물며 이어진다. 이러한 과정은 목표를 구체화하는 데에 도움이 된다. 반면, 서울대 입학이라는 목표는 생각의 확장을 가져오지 않는다.

대체로 목표는 완전하지 않으며 완전할 수도 없다. 목표라는 목적지로 가는 과정에는 갈림길도 나오고 벽에 막혀 돌아가야만 하는 경우도 생긴다. 삶이란 수학 공식처럼 딱딱 맞아떨어지는 것이 아니며, 사람은 언제든 자신의 생각을 조정할 수도 있다. 목표 역시 수정의 과정을 겪게 되어 있다. 이 과정을 통해 목표를 점점 구체화시켜 나갈 수 있는 것이다.

목표는 조작 가능하고, 타협 가능하게 세우기

변화

불안

나비 효과를 부르는 작은 습관

좋은 습관이 좋은 행동과 결과를 낳는다는 것은 누구나 알고 있는 사실이다. 하지만 이러한 사실을 알고 있더라도 좋은 습관을 만들어 실천하는 것에는 어려움을 느낀다. 그 이유는 습관을 무언가 대단하고 중요한 어떤 것이라 생각하기 때문이다. '나는 좋은 습관을 만들 만큼 대단하지 않아.'라고 마음의 벽을 쳐 버리는 것이다. 그런데 습관은 애당초 일상에서 우리가 실천할 수 있는 아주 작은 것들이 모여 이루어진 것이다. 공부할 때 음악을 듣지 않는다거나, 아침에 일어나자마자 10분 정도 영어 단어를 외우는 등의 행동도 좋다. 이러한 작은 행동들을 계속 실천해 나가면 하나의 습관이 되어 큰 변화를 이끌어 낼 수 있다.

여기서 중요한 것은 좋은 습관을 가지는 일이다. 그렇다면 어떻게 좋은 습관을 만들 수 있을까? 좋은 습관을 만들려면 당연히 그에 합당한 노력이 필요하다. 그렇다고 처음부터 과도한 노력을 들여야만 하는 계획을 세울 필요는 없다. 자기 자신의 능력을 넘어서는 계획은 좋은 습관을 포기하겠다는 말과 같다. 일단 자신이 할 수 있는 선에서 '해야 할 것'을 정하라. '학교에서 돌아오자마자 무조건 영어 두 문장 외우기' 같은 전혀 부담이 가지 않는 계획을 세우는 것이다. 그리고 '에이, 겨우 두 문장? 이 정도 한다고 뭐가 달라지겠어?'라는 의심을 가지는 대신 실천해 보자. 하루 단 두 문장일 뿐이지만 10일이 지나면 20개, 100일이 지나면 200개의 문장을 익히게 될 것이다.

습관은 기본적으로 노력하지 않아도 저절로 하게 되는 행동을 뜻한다. 굳건한 의지를 다지거나 자신을 채

찍질해야만 할 수 있는 일은 애당초 습관이라는 말을 붙이지 않는다. 따라서 어떠한 습관을 들이기 위해서는 매일 조금이라도 좋으니 그 일을 반복해서 하는 게 필요하다. 처음엔 일부러 신경 써야만 할 수 있는 일이라도 포기하지 않고 반복하다 보면 어느샌가 자신만의 습관으로 자리 잡을 것이다.

10일의 변화와 10일 이상의 변화

"어떠한 행동이 습관이 되려면 어느 정도의 시간이 필요할까?"

영수 학생은 집에 오자마자 매일 1시간씩 공부하기로 마음을 먹었다. 평소에 안 하던 공부라 처음엔 힘들겠지만 10일 정도 지나면 자연스럽게 습관이 되지 않을까 하는 기대감도 있었다. 하지만 10일 넘게 1시간씩 공부를 했지만, 습관은커녕 버거운 의무감에 억지로 공부하고 있는 자신을 발견했다. 그러다 보니 '도대체 습관이 되려면 얼마나 더 노력해야 하는 거야?'라는 의문이 떠올랐다.

사람마다 조금씩 차이는 있겠지만, 대개 일상의 사소한 행동은 10일 만 유지해도 습관이 될 수 있다. 단, 여기서 10일은 작은 행동에만 적용되는 시간이다. 이를테면 집에 들어오자마자 화장실로 직행해 손부터 씻는 습관 같은 것들이다. 하지만 영수 학생처럼 1시간 동안 무조건 책상 앞에 앉아 공부하는 습관을 가지기로 작정했다면 10일 만으로는 힘들다. 이럴 땐 계획 수정이 필요하다. '매일 1시간 공부하기'를 확 줄여 '매일 10분 공부하기'로 짧게 잡는 것이다.

원래 사람의 행동과 마음을 바꾸려면 작은 것부터 시작해 익숙해지게 만든 후, 그 양을 점차 늘려야 한다. 만약 영수 학생이 욕심을 부리지 않고 '10분 만이라도 공부하자.'라는 마음을 먹었다면 자신의 계획을 실행하기가 훨씬 쉬웠을 것이다. 10분 공부는 마음에 큰 부담을 주지 않기 때문이다. 그렇게 꾸준히 공부를 해 나가다 10분 공부가 자리를 잡았다는 느낌이 든다면, 그때 거기서 또 10분씩 시간을 늘리는 것이다. 처음엔 10분이지만, 한 달 후엔 1시간, 두 달 후엔 2시간이 될 수도 있다.

'어떠한 행동이 습관이 되려면 어느 정도의 시간이 필요할까?'라는 영수 학생의 질문으로 돌아가 보자. 사실 습관 형성에 드는 시간을 묻는 건 우문이다. 이는 마치 '저 아이와는 몇 번을 만나야 진정한 친구가 될 수 있을까?'와 유사한 질문이기도 하다. 단 한 번을 만나도 진정한 친구가 되는 사람이 있고, 수십 번을 만나도 친구가 될 수 없는 사람도 있다. 사람마다 다른 성향과 방식을 가지고 있기 때문이다. 습관 역시 마찬가지다. 각자의 의지와 성향에 따라 단 3일 만에도 습관으로 만드는 경우가 있는 반면에, 100일이 지나도 습관으로 만들지 못하는 경우도 있다. 하지만 무언가를 습관으로 만들기 위해서는 매일 조금씩이라도 그 일을 꾸준히 하는 노력이 필요하다는 사실에는 변함이 없다.

매일 조금씩이라도 꾸준히 공부하는 습관 들이기

불안의 원인

사람이 싫어하는 감정 중 하나가 바로 불안이다. 불안
감이 극도로 높은 사람은 심지어 죽음까지 생각하기도
한다. 불안 때문에 자살 유혹을 느낄 수도 있다는 말은
언뜻 이상하게도 들린다. '죽음처럼 극단적인 일의 원
인이 겨우 불안일 수 있나?'라는 의문이 생기기 때문이
다. 하지만 조금만 생각해 보면 충분히 이해가 될 것이
다. 불안이 반복되면 일상의 모든 경험을 부정적으로
인식한다. 그래서 평정심이 있는 상태에서라면 그냥 지

나갈 수 있는 일도 불안한 상태에서는 몹시 큰 고난으로 느낀다. 이러한 일이 반복되다 보면 살기 싫다는 생각으로 이어지게 되는 것이다.

그렇다면 사람은 언제 불안할까? 당연히 모호하고 불확실할 때 불안해진다. 공포 영화를 볼 때 불안한 이유도 언제 귀신이 등장할지 모르기 때문이다. 만약 무서운 장면이 언제 나오는지 정확하게 알려 준다면, 장면 자체는 여전히 무서울 수 있을지라도 불안한 마음은 생기지 않는다.

성인보다는 청소년이 더 큰 불안을 겪는다. 성인은 이미 겪어 온 많은 경험을 바탕으로 자신의 미래 상황을 어느 정도 예측할 수 있다. 행복하든 그렇지 않든, 가야 하는 길이 뻔히 보이는 것이다. 반면, 청소년은 모든 것이 모호하다. 대학, 취업, 사회로 나갔을 때의 생활 등등 그 어떤 것 하나도 구체적으로 그려지는 것이 없다. 다양한 경험을 하지 못했으므로 당연히 미래 예측 능력도 떨어진다. 그렇기 때문에 성인보다 더 큰 불안에 쉽게 휩쓸릴 수밖에 없는 것이다.

먼 미래보다 가까운 미래

불안감은 내가 알지 못하거나 전혀 예측하지 못하는 경우에도 발생한다. 우리는 당장 1분 후에 일어날 일도 알지 못하므로 1년이나 10년 후의 일 역시 알 수가 없다. 하지만 청소년들은 "앞으로 뭐가 되고 싶니?"라든가 "어떤 대학에 갈 생각이니?" 같은 미래에 대한 질문을 많이 받는다. 이러한 질문은 언뜻 가벼워 보여도 청소년에겐 '알 수 없는 미래'를 떠올리게 해 불안감을 느끼게 한다.

불안감을 가지지 않기 위해선 '1년 후의 나는 어떻게 될까?' '나는 10년 후에 뭘 하고 있을까?' 같은 걱정을 하지 않는 게 좋다. 너무 먼 미래에 대한 걱정은 지금 당장 해야 하는 일도 하지 못하게 만들기 때문이다. 그 대신 긍정적인 근시안을 갖는 것이 더 좋다.

예를 들어, 일주일 후의 시험 준비를 어떻게 할 것인지, 앞으로 한 달 안에 반 등수를 얼마나 높일 것인지 등 지금 당장 할 수 있는 일을 찾아 그에 대한 계획을 잡는 것이다. 가까운 미래의 일의 계획은 나의 인생 목표와 계획을 세우는 데에도 도움을 준다. 또한 실행이 쉬우면서도 가까운 시일 안에 결과를 알 수 있는 목표

가 생기면, 먼 미래를 걱정하면서 굳이 불안을 소환하
지 않을 수 있다.

불안과 배고픔

많은 학생이 시험 날 아침에 밥을 먹는 것이 나을지, 아
니면 빈속이 나을지 고민한다. 왜냐하면 일단 배가 부
르면 졸리고 두뇌의 회전율이 떨어져 맑은 정신으로 시
험에 임할 수 없게 된다. 그렇다고 아침밥을 먹지 않으
면 점심을 먹기 전까지 배가 고파 신경이 예민해지거나
힘이 나지 않는다. 혹시나 배에서 꼬르륵 소리라도 나
면 그 소리에 신경이 쓰여 시험에 집중할 수도 없다. 배
부르면 배부른 대로, 배고프면 배고픈 대로 집중도는
떨어지는 것이다.

  그렇다면 시험 날 아침에는 밥을 먹어야 할까, 말아
야 할까? 의외로 답은 간단하다. 시험 날 아침에는 허기
를 달랠 정도의 음식을 최소한만 먹는 것이 좋다. 또한,
시험에 대한 스트레스와 긴장감이 심하면 소화가 잘 안
될 수도 있으므로, 평소에 먹던 음식이나 영양분이 충

분하면서도 소화가 잘되는 음식을 선택하는 것이 좋다.

불안을 극복하는 자기 세뇌

'난 수학을 못하니까 이번에도 점수가 나쁠 거야.'

'난 영어 독해 능력이 엄청 부족한데, 이번에 지문이 어렵게 나와서 나만 점수가 낮으면 어쩌지?'

시험 준비를 하면서도 이렇게 생각하는 학생들이 있다. 이러한 생각은 당연히 자신감을 떨어뜨린다. 그리고 이러한 생각을 가지고 시험에 임하면 시험 문제를 본 순간 불안해질 수밖에 없다. 심지어 찬찬히 보면 충분히 알고 있는 문제인데도 풀지 못한다. 불안으로 인한 심리적 압박 때문에 미리 '난 못 풀 거야.'라고 벽을 쳐버리는 것이다. 자신의 답에 확신을 가지지 못하니 시험 시간 내내 우왕좌왕하다 끝나게 된다.

공부에서 중요한 것 중 하나가 자신감이다. '난 수학을 못하는 사람이야.'라고 생각하기보다 '난 수학도 잘

할 수 있어.'라는 생각의 전환이 필요하다. 애당초 못한다고 생각하면 불안할 수밖에 없지만 조금만 노력해도 잘할 수 있다고 자기 세뇌를 시키면 적어도 불안 요소는 제거할 수 있다. 물론 불안 요소를 제거한다고 해서 70점 받는 학생이 갑자기 100점을 받을 수는 없다. 하지만 원래 받았던 평균 점수보다 낮은 점수를 받는 건 막을 수 있다. 불안 요소를 제거하기만 해도 어이없는 실수를 예방할 수 있기 때문이다.

먼저 맞는 매와 나중에 맞는 매

영수 학생에겐 동생이 둘이 있다. 삼 형제는 평소에는 사이가 좋은 편이지만, 먹을 것 앞에선 확 달라진다. 서로서로 맛있는 걸 많이 먹겠다며 욕심을 부려 밥상 앞에서 싸울 때가 많았다. 그러다 결국 삼 형제가 실수로 밥상을 엎어 버린 사건이 발생해 버렸다. 부모님은 오늘만큼은 단단히 훈계해야겠다는 생각에 매를 들었다. 이때 영수 학생은 먼저 맞는 게 좋을지, 아니면 나중에 맞는 게 좋을지 고민에 빠졌다. 맞는 순서에 따라 고통의 강도가 다를 것이라 생각한 것이다. 영수 학생의 생각처럼 맞는 순서에 따라 아픔의 강도도 다른 게 맞을까? 그것이 맞다면 언제 맞아야 똑같이 맞더라도 아픔을 덜 느낄 수 있을까? 결론적으로 말하자면, 고통을 덜느끼고 싶다면 먼저 매를 맞는 것이 좋다. 세 번째로 매를 맞으면 앞서 맞은 두 형제를 보면서 불안이 극에 달한 상태가 되기 때문에 첫 번째로 맞은 아이보다 훨씬 더 아프게 느껴진다.

재미있는 것은, 처음 맞는 아이가 세 번째로 맞는 아이보다 반성의 효과도 크다는 것이다. 그 이유를 심리학에서는 하이퍼 코렉션hyper correction 효과로 본다. 하이퍼는 '좀 더 세게', 코렉션은 '수정'을 의미한다. 즉, 더세게 수정을 한다는 말이다. 사람은 놀랐던 일을 아팠던 일보다 훨씬 더 잘 기억하는 특징이 있다. 처음에 맞으면 '앗!' 하고 놀라게 되어 있다. 직접 맞아 보니 자신이 예상한 고통과 차이가 나서, 고통보다는 놀람이 앞서는 것이다. 그런데 마지막으로 맞으면 놀람 없이 그저 아픔만 느끼기에 하이퍼 코렉션 효과가 일어나지 않는다. 이를 시험에 대입해 보면, 시험 문제도 자신 있게 틀려야 된다는 결론이 나온다. 맞힐 거라 굳게 믿었던 문제를 틀려야 크게 놀라기 때문이다. 이런 경우 문제를 틀리면 기분이 안 좋을 수는 있지만, '어, 이게 정답이 아니었어?'라고 놀라게 되어 훨씬 더 잘 기억하게 된다.

이미지 트레이닝

'나는 다 잘될 거야.'

어떤 학생들은 책상에 이런 메모를 붙여 둔다. 희망적인 말로 미래에 대한 불안함을 줄여 보고 싶은 것이다. 그러나 '잘될 거야.'는 불확실성이 내포되어 있다. 앞서 말했듯 불확실성은 불안을 가져온다. 그러므로 불안함을 줄이고 싶다면 오히려 '잘된다.'라는 확신을 주는 문장을 사용하는 것이 좋다. 그래야 진짜로 '나는 잘될 수 있다.'라는 믿음을 주기 때문이다.

그런데 사실 이러한 문구를 붙여 두는 것만으로는

큰 불안 제거 효과를 얻을 수 없다. 말 자체는 커다란 힘을 가지지 못하기 때문이다. 이 말과 함께 '상상'이 동반되어야 한다. 이때 상상은 일종의 이미지 트레이닝 이다.

이미지 트레이닝은 머릿속으로 자신이 원하는 모습을 그려 보는 것이다. 즉, 내가 시험에서 만점을 받아 기뻐하는 부모님과 좋은 음식점에서 함께 밥을 먹는 모습이나, 원하는 대학에 입학해 캠퍼스를 활보하며 다니는 나의 모습을 상상해 보는 것이다. '잘되다'라는 말 자체는 추상적이지만, '잘되어 있는 나의 모습'은 구체적이다. 구체적일수록 불안 제거에 효과적이다.

금정적인 근시안 갖기, 시험 날 아침에는 최소한의 음식만 먹기, 잘 할 수 있다는 자기 세뇌 걸기, 틀릴 땐 확실히 틀리기, 잘되어 있는 나의 모습 상상하기

ᄉ

人 선
택

선택에 드는 정신적 에너지

우리는 종종 무언가를 결정하기 위해 고민한다. 크게
는 인생의 방향이나 진로일 것이고, 작게는 일상 속에
서 일어날 법한 이런저런 상황들이다. 예를 들어 보자.
십 대 청소년들의 경우에는 인문계, 자연계, 예체능계
를 선택하기 전에 자신의 적성과 맞는 것이 무엇인지
고민할 것이고, 대학 입시 철이 가까워지면 학교와 학
과에 대해 고민할 것이다. 또, 책상 앞에 앉아서는 국어
와 수학 중 어떤 걸 먼저 공부할지, 국어를 선택했다면

교과서부터 봐야 할지, 문제집부터 풀어야 할지도 고민
할 것이다. 친구 관계에서도 내가 이 아이와 계속 친구
를 해야 하는지, 말아야 할지에 대해서 고민할 수도 있
을 것이고, 친구가 되고 싶은 아이에게 말을 걸지 말지
를 두고 고민할 수도 있다. 이 외에도 고민할 거리는 주
변에 널려 있다. 학교를 갈 때 버스와 전철 중 뭘 타는
게 좋을지, 앞머리를 내릴지 올릴지, 빵을 살 때 평소 좋
아하는 빵과 새로 나온 빵 중 뭘 선택하는 게 좋을지 등
등 사소한 일에서도 꽤 많은 시간을 들여 고민하곤 한
다. 아무리 사소한 일이라도 뭔가를 선택해야 하는 건
결코 쉬운 일이 아니다. 선택을 번복할 수 없을 땐 특히
더 그렇다.

　선택은 엄청난 양의 에너지를 필요로 하는 정신적
과정이다. 사소하든 그렇지 않든 우리는 무언가를 선택
하는 동안 꽤 많은 양의 정신적 에너지를 소모한다. 이
를테면, 1시간 동안 열심히 공부한 학생보다, 1시간 동
안 공부할 과목을 선택하기 위해 고심한 학생이 더 많
은 에너지를 쓰게 된다. 그래서 더욱더 공부를 시작하
기 전에 어떤 과목을 얼마만큼 공부할 것인지 미리 계

획을 촘촘하게 짜 두는 일이 필요하다. 그래야 공부하기로 계획해 둔 시간에 공부에만 집중할 수 있다.

선택 장애

무엇인가를 선택할 때 쉽게 결정하지 못하고 오랫동안 망설이며 어려워하는 것을 '선택 장애'라 한다. 선택 장애는 환경적 영향에 따른 결과이기도 하다. 환경적 영향은 크게 사회적 측면과 개인적 측면으로 나눌 수 있다. 우선 사회적 측면으로는 대량 생산이나 온라인 기술의 발달을 들 수 있다. 대량 생산으로 비슷한 상품들이 수많이 쏟아져 나오다 보니 그중에서 마음에 꼭 드는 상품을 고르는 게 힘들어졌다. 또, 온라인 기술의 발달로 사람들은 굉장히 많은 정보를 쉽게 얻을 수 있게 되었는데, 이는 오히려 자신에게 도움이 되는 정보와 그렇지 못한 정보를 구별하는 걸 어렵게 만들어 버렸다. 개인적 측면으로는 부모가 모든 것을 해결해 주는 가정 환경을 들 수 있다. 이러한 환경에서 자란 아이는 수동적 성향을 보이기 쉽고, 이는 곧 선택 장애로 이어진다.

선택 장애는 일종의 습관이다. 현대 사회는 개인적·사회적으로 이러한 습관을 키우기 좋은 환경을 조성하고 있으며, 수많은 사람들이 선택 장애에 시달리고 있다. 이를 증명하듯 '햄릿 증후군'이라는 신조어도 생겨났다. 햄릿은 영국의 희곡 작가 셰익스피어의 작품 〈햄릿〉의 주인공으로, 선택의 기로에서 끊임없이 고뇌하는 햄릿을 선택 장애의 상징처럼 표현한 것이다. 이러한 신조어가 생길 정도로 선택 장애는 현대 사회에 수많은 사람들이 겪고 있는 흔한 일이 되어 버렸다.

선택이 힘든 이유

우리나라 사람이라면 누구나 한 번쯤 짜장면과 짬뽕을 두고 뭘 먹을지 고민한 경험이 있을 것이다. 이러한 고민은 매우 사소해 보이지만, 둘 중 하나를 선택해야만 하는 심리적인 측면에서는 결코 사소하지 않은 고민이다. 오죽하면 짜장면과 짬뽕을 같이 먹을 수 있는 짬짜면이라는 메뉴가 생겼겠는가.

우리가 선택해야 하는 것들 대부분은 거창하고 중대한 일이 아니다. 일상의 많은 일들이 선택의 대상이 된다. 그날그날 입을 옷, 이용할 교통편, 먹을 음식 등 매 순간이 선택의 기로에 있다. 이처럼 누구나 선택의 상황을 경험한다.

그러나 모두가 선택에 어려움을 겪는 것은 아니다. 어떤 사람은 쉽게 선택하고 결정하지만, 어떤 사람은 선택하는 것을 힘들어한다. 심지어 아무것도 선택하지 못하는 상황이 발생하기도 한다. 그런 경우 '나는 왜 이러지?'라며 자신을 자책하기도 한다.

물론 무언가를 선택하고 결정하는 일은 신중하고 고민해야 할 필요가 있지만, 그 정도가 심하다면 현재 자신의 상태를 점검해 볼 필요가 있다. 선택 장애는 우리의 신체가 무언가를 쉽게 선택할 수 없는 상태에 처해 있다는 것을 의미하기 때문이다. 힘들거나 피곤한 상태의 신체는 많은 에너지를 소모하는 선택적 상황을 잘 견뎌내지 못한다. '건강한 신체에 건강한 정신'이라는 말도 있듯이 선택을 가능하게 하는 단호함도 건강한 신체에서 비롯되는 것이다.

불확실성에서의 선택

사람은 기본적으로 불확실한 미래를 별로 좋아하지 않는다. 하지만 우리의 미래는 확실한 것보다 불확실한 것이 훨씬 많다. 그리고 무언가를 선택할 때 이 불확실성은 선택을 더 어렵게 만드는 요인이 된다. '만약 내 선택이 나쁜 결과를 가져온다면?' '만약 내 선택 때문에 안 좋은 상황에 처하게 된다면?'과 같은 부정적인 가정이 따라오기 때문이다.

그럼에도 우리는 종종 단박에 선택을 하는 경우도 있다. 빠른 선택을 가능하게 하는 것은 감정이다. 이때에는 '이게 더 끌리니까.'가 선택의 유일한 근거가 된다. 이는 곧, 선택을 해야만 하는 순간의 정서가 얼마나 중요한지를 보여 준다.

정서적으로 안정적일 때는 보다 합리적인 선택이 가능하지만, 그렇지 않을 경우엔 최악의 선택을 할 가능성이 더 높아진다. 우리는 논리적이면서도 이성적인 판단으로 어떠한 일을 하고 있다고 착각한다. 하지만 우리는 대체로 감정이 결재 도장을 찍듯 결정을 해 줘야 움직인다. 감정이 움직이지 않으면 그 어떤 것도 선택할 수 없는 것이다. 따라서 중요한 무언가를 선택해야만 하는 경우에는, 정서적으로 안정되어 있는 상태에서 결정을 내리는 것이 좋다.

선택이 공부에 미치는 영향

청소년이 선택해야 하는 일 중에는 공부와 관련된 것들이 많다. 3시간의 공부 시간이 주어졌다고 가정해 보자. 이 3시간을 잘 활용하기 위해서는 공부할 과목과 분량을 빨리 정해야 한다. 그래야 3시간을 온전히 공부에 집중할 수 있다. 그런데 무엇을 공부해야 할지 몰라 이걸 할까 저걸 할까 고민하다 보면 어느샌가 3시간의 공부 시간은 허공 속으로 사라지고 만다. 집중해서 공부했다면 도움이 되었을 시간이 허무하게 지나가 버리는 것이다.

자신에게 주어진 시간 동안 무엇을 할 것인가를 빨리 선택하는 건 시간을 잘 활용하는 방법 중 하나다. 책상 앞에 오랜 시간 앉아 있는 것이 중요한 게 아니라, 그 시간에 해야 할 바를 정확하게 실행하는 것이 중요한 것이다. 즉, 어떠한 일이든 '선택과 집중'이 성공과 실패를 결정한다. 공부 역시 선택과 집중이 중요하다. 그리고 선택과 집중은 앞서 이야기했듯이 신체가 건강하고 정서가 안정적이며, 마지막으로 좋은 감수성이 바탕이 되었을 때 적절하게 이루어질 수 있다.

감수성을 키우는 법

신체는 규칙적으로 운동을 하거나 적정 수면 시간을 지키는 등의 방법으로 좋아질 수 있고, 정서 함양에는 독서나 반려 식물을 키우는 등의 다양한 취미 활동이 도움이 된다. 또한 편안한 사람들과의 대화를 통해 안정감을 회복할 수도 있다. 그렇다면 좋은 감수성을 키우는 방법에는 무엇이 있을까? 한마디로 정리하자면, 감정을 발달시켜야 한다. 감정 발달에 효과 있는 방법으로는 예술 작품을 많이 접하는 것이 있다. 예술 작품에는 메타포은유가 있기 때문이다.

사전과 문학을 각각 떠올려 보자. 먼저 사전은 낱말의 의미와 용법 따위를 일정한 순서로 정리해 둔 것이다. 즉, 감정 없이 단어의 속성만 열거해 놓은 것이나 다름없다. 애당초 사전 자체에는 어떤 종류의 메타포가 있을 수 없다. 하지만 문학은 다르다. 시나 소설, 수필 등에 쓰인 단어들은 메타포를 함축한다. 같은 단어를 쓰더라도 사전에 있는 정의가 아니라, 새로운 의미로 표현되는 것이다. 작가들은 메타포라는 간접 화법을 통해 그 안에 많은 감성들을 담아 놓는다. 이는 문학, 미술, 음악 등 모든 예술 작품의 특성이다. 이러한 예술 작품을 자주 접한다면 감수성을 높이는 데에 큰 도움을 받을 수 있다.

공부 계획 촘촘하게 짜 두기, 정서적으로 안정되어 있을 때 결정 내리기, 감수성 키우기

예민한 성격과 내성적 성격

새 학기가 되어 새로운 환경에 적응하는 과정에서 심리적인 어려움을 겪는 '새 학기 증후군' 증상이 나타나는 학생들이 더러 있다. 복통, 두통을 호소하기도 하고 심한 경우엔 우울과 불안 증세까지 보인다. 심지어 친구를 사귀는 것도 힘들어한다. 사람들은 새 학기 증후군을 겪는 아이들을 보며 내성적이라 그런 거라고 생각한다. 그런데 정말 내성적인 성격이라 새 학기 증후군을 겪는 것일까?

우리는 내성적인 것과 예민한 것을 구분할 필요가 있다. 내성적인 사람만이 예민한 것이 아니라 외향적인 사람도 얼마든지 예민할 수 있다. 외향적이어도 자기가 한 말에 대해 친구들이 별반 반응을 보이지 않으면, '어, 괜히 말했다. 다음엔 조금 더 재미있게 말해야지.'라고 생각할 수 있다. 이는 예민하기 때문에 가능한 일이다.

예민한 사람은 새로운 변화의 크기를 여느 사람보다 더 두드러지게 느낀다. 변화를 크게 느끼다 보니 정신적 스트레스가 신체적으로 나타나고, 다른 사람들이 보기엔 까다롭게 구는 것처럼 보이는 것이다. 특히 청소년은 학교라는 공간에서 또래 친구들과 잘 지내야만 하는 상황에 놓여 있기에 예민함이 걸림돌이 될 때가 많다. 새 학기가 시작되면 일주일이나 열흘 만에 1년 동안 함께 다닐 친구들이 정해지기 때문에 새 학기 증후군은 청소년에게 더 큰 악영향을 미친다.

그렇다고 예민한 성격이 꼭 나쁜 것만은 아니다. 오히려 장점으로 활용되기도 한다. 만약 사회 변화에 예민한 사람이라면 장차 정치인이나 사회 활동가로, 맛에 예민한 사람이라면 요리사나 음식 평론가로 활동할 가능성이 커진다. 자신이 특히 더 예민하게 반응하는 부분이 자신의 적성이나 진로를 결정짓는 데에 긍정적으로 작용할 수 있는 것이다. 즉, 예민한 성향은 어떻게 보느냐에 따라 단점이 될 수도, 장점이 될 수도 있다. 따라서 예민한 성격 때문에 스트레스를 받는다거나, 그러한 성격을 가졌다고 자신을 자책할 필요는 없다.

새 학기 증후군 극복법

매년 새 학기 증후군을 겪는 청소년은 자기 나름대로 극복 방법을 모색해 왔을 것이다. 이를테면, 가방이나 옷을 새로 장만하거나 공부방의 가구 위치를 바꾸는 등으로 기분을 전환시킬 수도 있다. 그런데 사실 이러한 방법은 그다지 좋은 방법이 아니다. 새 학기 증후군 자체가 새로운 환경을 예민하게 느껴 일어나는 증상이기 때문이다. 이런 경우엔 오히려 평상시 쓰던 물건을 쓰고, 늘 먹던 음식을 먹고, 익숙한 구조의 방에서 생활하는 것이 좋다.

그럼에도 불안이 가시지 않는다면, 부모님이나 친구

등 가까운 사람에게 솔직하게 자신의 불안을 털어놓는 것도 한 방법이다. 낯선 환경에서 낯선 친구들을 만나야 한다는 생각을 반복해서 하다 보면 불안감이 가중될 수밖에 없다. 하지만 입으로 말을 내뱉으면 상대방의 격려나 위로로 마음이 조금은 편안해질 수도 있고, 이와 상관없이 스스로 마음을 정리할 수도 있기 때문이다.

성격과 혈액형의 상관관계

우리는 종종 "혈액형이 뭐야?"라는 질문을 받거나 "너 A형이지?"와 같이 특정 혈액형이 아니냐는 말을 듣곤 한다. 이런 말을 하는 사람들은 혈액형에 따라 성격이 결정된다고 믿는다. 그런데 사실 혈액형과 성격은 아무 관련이 없다. 이 지구상에는 혈액형과 성격의 상관관계에 대한 연구가 존재하지 않는다. 그럼에도 사람들은 상대방의 혈액형을 알고 싶어 하고, 그에 따라 상대방의 성격을 규정해 버린다.

우리는 사람을 만나면 그 사람을 판단하고자 하는 욕구를 가지고 있다. '발라드를 좋아하니 차분한 사람일 거야.' '잘 웃지 않는 걸 보니 무뚝뚝한 사람인가 보다.'처럼 말이다. 하지만 누군가를 알기 위해선 그 사람을 곁에서 충분히 지켜보거나, 그 사람의 행동에 대해 생각하는 시간이 필요하다. 그런데 혈액형이 성격과 관련 있다고 믿어 버리면, 특정 혈액형에 따라 그 사람이나 그 사람의 행동을 빠르게 판단할 수 있다. 굳이 오랜 시간 공을 들이지도, 귀찮게 생각하지 않아도 되는 것이다. 그래서 아무리 혈액형과 성격의 연관성이 과학적으로 증명된 바가 없다고 해도 상대방의 혈액형에 집착하는 것이다.

성격과 환경

성격의 상당 부분은 부모님으로부터 물려받는다. 그리고 물려받은 성격의 정도는 환경이 결정한다. 예를 들어 부모님으로부터 외향성을 물려받은 사람이라도 사람을 주눅 들게 하는 환경 속에서 자라면 덜 외향적인 성격이 되는 것이다. 이를 심리학에서는 "성격은 부모로부터 범위를 물려받고, 환경이 지점을 결정한다."라고 말한다. 정리하면 부모님이 물려준 어떠한 성격 범위 안에서 내 성격이 정확히 어디에 위치하는지를 결정하는 것은 환경이라는 말이다.

성격과 공부

우리는 흔히 '나는 성격이 소심해서 이런 건 못해.' 또는 '타고난 성격이 더러워서 이 모양으로 사는 거야.' 같은 생각을 한다. 하지만 이러한 생각은 결코 올바른 생각이 아니다. 사람이 하는 일의 대부분은 복합적인 능력으로 하는 것이기 때문이다. 단순히 기초적인 능력만을 가지고 할 수 있는 일은 거의 없다. 창조성을 필요로 하는 일이든, 리더십을 필요로 하는 일이든 복합적으로 작용하게 되어 있다. 내성적인 사람도 그 사람만의 창조성과 리더십을, 외향적인 사람도 그 사람만의 창조성과 리더십을 가지고 있다. 내성적인 사람은 창조성이 없고 외향적인 사람은 창조성이 있다거나, 그 반대의 경우 같은 건 있을 수 없다.

공부도 마찬가지다. 내성적이든 외향적이든 성격은

성적을 결정짓는 요소가 될 수 없다. 누군가 "영수 학생은 내성적이라 공부를 잘한다."라는 말을 했다고 가정해 보자. 이 말을 들은 대부분의 사람은 고개를 갸웃거릴 것이다. '이게 말이 되는 말인가?' 같은 생각을 하면서 말이다. "영수 학생은 외향적인 성격이라 노래를 잘한다."라는 말을 들어도 마찬가지의 반응을 보일 것이다. 그러니 '내가 성격이 이래서 공부를 못해.' 같은 생각은 위험한 발상이다. 어떤 일을 잘하고 못하고는 성격의 문제가 아니기 때문이다.

성격 탓이란 없다

자신의 성격에 100퍼센트 만족하는 사람은 많지 않다. 많은 사람들이 한 번쯤은 자신의 성격을 바꾸고 싶다는 생각을 해 보았을 것이다. 그러나 사람이 쉽게 변하지 않는다는 말을 듣고는 '성격은 바꿀 수 없다는 말인가?' 하고 생각해 버린다. 그런데 이는 '성격을 바꾼다.'와 '성격을 바꾸지 못한다.'로 나누어 버린 이분법적 생각이다. 성격은 이게 아니면 저것이고, 저게 아니면 이것이라는 이분법적 논리로 평가할 수 있는 것이 아니다.

살다 보면 자기 자신에게 실망하거나 자기 자신이 마음에 안 드는 경우가 있을 수도 있다. 이러한 부정적 반응은 본인의 성격 때문에만 생기는 것이 아니라, 당시 처한 상황, 다른 사람과의 관계 등에서 기인되는 경우가 많다. 이를테면, 한 친구와 매번 갈등이 생기면 '나는 이 친구와 성격이 정말 안 맞아.'라고 생각해 버린다. 그런데 이는 성격에 책임을 전가하는 일이다. 이런 생각은 갈등 상황을 좀 더 깊이 바라보고 해소하는 데에 방해가 될 뿐이다. 이 세상에 잘 맞는 친구, 잘 맞지 않는 친구가 성격별로 나누어져 있지 않다. 사람마다 다 다르기 때문이다. 나랑 맞지 않다고 생각한 친구가 나와 가장 친한 친구와는 잘 지내는 경우도 있지 않은가. 자신에 대한 불만을 모두 성격 탓으로 돌리는 것은 어리석은 일이다.

예민해도 괜찮아, 새 학기에는 내 방에 변화 주지 않기, 불안하면 불안하다고 감정 표현하기, 공부를 잘하고 못하고는 성격과 상관없음

스트레스

만병의 근원, 스트레스

스트레스는 만병의 근원으로 알려져 있다. 스트레스가 쌓이면 수면 장애, 식욕 감퇴, 소화 불량, 두통 등 다양한 증상이 나타난다. 그리고 이 증상들은 생체 리듬을 깨뜨리고 면역력을 떨어뜨린다.

스트레스는 우리가 무엇인가에 대해 불안감이나 초조함 등 안 좋은 감정을 느낄 때 찾아온다. 사람이라면 누구나 다 느끼는 감정이지만, 이러한 감정이 심해지면 곧잘 '내 힘으로 어찌할 수 없는 일'이라는 절망감까지 동반되기도 한다. 건강한 삶을 위해서는 스트레스를 그때그때 현명하게 풀어야 한다.

그런데 사실 이게 말처럼 쉽지만은 않다. 일단 어떻게 하는 것이 스트레스를 현명하게 푸는 것인지 모를 뿐더러, 스트레스에 노출되면 스트레스의 원인이 되는 상황에 집착하게 되기 때문이다. 한 발짝 떨어져 바라보는 여유를 가지는 대신, 상황을 몇 번이고 되새기며 계속 스트레스를 받는 것이다.

청소년의 경우 별다른 대안을 찾지 못하는 경우가 많다. 같은 반 친구와 갈등 상황에 놓였다고 하더라도 학년이 바뀌어 반이 달라지지 않는 한 그 공간에서 벗어날 수 없으며, 학업에 심한 스트레스를 받아도 공부를 안 할 수는 없기 때문이다. 그런데 이렇게 스트레스를 많이 받으면 공부에 대한 집중력이 떨어질 뿐 아니라 극심한 우울증으로 이어지기도 한다.

스트레스 해소법

스트레스를 풀기 위해서는 먼저 자신에 대해 알고 있어

야 한다. 자신이 뭘 좋아하는지 알아야 스트레스받았을 때 이를 활용할 수 있기 때문이다. 양념 치킨을 좋아한다거나, 공원 산책을 즐긴다거나, 친구들과 수다를 떨면 기분이 전환된다거나, 책을 읽으면 머리가 맑아진다거나와 같은 자신만의 데이터베이스를 가지고 있는 것이 좋다. 만약 자신의 데이터베이스가 아직 충분하지 않다면 평소 자신이 뭔가를 했을 때 기분이 좋아지는지 생각날 때마다 노트에 기록해 두자.

운동도 스트레스를 푸는 방법 중 하나다. 운동을 하면 엔도르핀이라는 호르몬이 평상시보다 증가하는데, 엔도르핀의 영향으로 즐거움과 행복감을 느끼게 된다. 또한, 운동은 스트레스를 겪고 있는 장소로부터 떨어뜨리는 효과도 있다. 스트레스를 겪고 있는 장소에 계속 머물러 있으면 스트레스를 없앨 수 없다. 따라서 스트레스를 받는 상황이 닥쳤다면 일단 그 공간을 떠나 다른 공간으로 이동하는 것이 좋은데, 운동은 바로 이를 가능하게 해 준다.

운동과 함께 스트레스 해소에 도움이 되는 것은 음식이다. 사람은 신경 전달 물질 중 하나인 세로토닌이 부족하게 되면, 딱히 별다른 일이 없어도 기분이 나빠진다. 이때 초콜릿과 같은 단 음식을 먹으면 세로토닌 생성에 도움이 된다. 또, 매운 음식은 엔도르핀의 분비를 활성화시켜 기분 전환을 돕는다. 달거나 매운 음식을 좋아하지 않는다면, 자신이 좋아하는 음식을 먹는 것도 괜찮다. 사람은 자신이 좋아하는 음식을 좋아하는 사람과 먹을 때 쾌감을 느끼기 때문이다.

우리는 흔히 "스트레스를 푼다."라는 말을 사용한다. 이 말은 '내가 좋아하거나 나를 즐겁게 하는 일을 능동적으로 찾아 함으로써 스트레스를 이겨 낸다.'라는 의미다. 즉, 스트레스는 우리 스스로가 적극적인 자세로 대응해야 하는 대상인 것을 기억하자.

싫어하는 과목 극복법

싫어하는 일을 해야만 하는 것은 고통스럽고 스트레스 받는 일이다. 그런데 싫어하는 일의 이면을 살펴보면 대체로 '어려운 일'인 경우가 많다. 어려우니 하기 싫어지는 것이다. 그럼에도 많은 사람들이 해야만 하는 일이기 때문에 싫든 좋든 하고 있다.

청소년들도 마찬가지다. 어떤 학생은 공부를 좋아할 수도 있고, 어떤 학생은 공부를 싫어할 수도 있다. 공부를 좋아하는 학생은 명문대를 간 학생들이 흔히 "공부가 제일 쉬웠어요."라는 말을 하는 것처럼 공부가 쉬울 것이다. 반면, 공부를 싫어하는 학생에게는 세상 모든 일 중에서도 공부가 제일 어렵다. 그런데도 그 어려운 것을 해야만 한다. 해야 한다고 생각하니 하기가 더 싫고, 해도 잘 안 되니 포기하게 되는 것이다.

어려워서 싫어진 일을 다시 즐겁게 만드는 가장 좋은 방법은 매일 조금씩이라도 하는 것이다. 싫어하는 사람과 만나 2시간 내내 같이 있어야 한다면 만나기 전부터 스트레스를 받겠지만, 단 10분만 만난 뒤 바로 헤어진다고 하면 '그 정도는 할 수 있지.'라고 생각하는 것과 유사하다. 즉, 싫어하는 일을 오랫동안 지속하는 것은 힘들지만, 아주 잠깐이라면 누구나 할 수 있는 것이다. 이러한 심리를 싫어하는 과목을 공부할 때 이용해 보자. 만약 수학을 싫어하고 국어를 좋아한다면 국어는 50분 공부를 하고 10분을 쉬는 반면, 수학은 20분 공부를 하고 10분을 쉬는 것이다. 수학을 국어처럼 50분 내내 공부한다는 생각은 버려야 한다. 50분 동안 억지로 수학 공부를 한다고 해도 어차피 10분이나 20분이 지난 후부턴 머릿속에 들어오는 것이 없어진다. 공부를 해도 이해가 안 되니 '아, 역시 어렵네.'라는 생각이 들고, 어렵다고 생각되니 더욱더 수학 공부가 하기 싫어지는 악순환이 반복된다. 그러니 싫어하는 과목일수록 짧게 공부하는 것이 좋다. 심지어 한 페이지씩 공부와 휴식을 반복하는 것도 좋다.

더불어 싫어하는 과목을 공부할 때에는 그 과목을 공부해야만 하는 이유를 생각해 보는 것이 좋다. 정 이유가 생각나지 않으면 친구를 비롯해 주변 사람들과 많은 이야기를 주고받으며 이유를 찾아내자. '언어는 모든 소통의 기본이야.' '역사를 알아야 사회도 이해하기 쉬워.' 등 싫어도 이것을 왜 공부해야 하는가에 대해 질문하고 납득할 수 있는 해답을 찾으면, '싫더라도 하긴 해야지.'라는 의지를 가질 수 있게 된다.

'싫다'라는 말보다 좋은 말, '어렵다'

공부를 싫어하는 학생 중 대부분은 공부가 싫다는 말을
아무렇지 않게 사용한다. 하지만 되도록 '싫다'라는 말
은 쓰지 않는 것이 좋다. 싫다 대신 어렵다고 표현해 보
자. 어렵다고 표현을 바꿔 사용하면 우리는 다음의
두 가지 측면에서 도움을 받을 수 있다.

첫 번째로는 좀 더 높은 자존감을 가질 수 있다는 점
이다. 싫은 공부를 할 경우엔 억지로 한다는 생각을 떨
칠 수 없다. 하지만 어려운 공부를 하고 있다고 생각하
면 어려운 것에 도전하는 사람이 되는 것이다. 이렇게
생각하는 것은 당연히 자신을 더 괜찮은 사람으로 보이
게 만드는 요인이 된다.

두 번째로, '싫다'라는 말과 달리 '어렵다'라는 말은
동기 부여를 하게 만든다는 장점도 있다. 싫은 것은 그
냥 싫은 것이다. 하고 싶지도 않고, 억지로 하더라도 기
분은 여전히 나쁘다. 설혹 싫은 것을 다 해냈다 해도 딱
히 기분이 좋지도 않다. 하지만 어려운 것은 다르다. 적
어도 왜 어려운지, 어렵다면 어떻게 해결해야 하는지
등의 생각을 하게 만든다. 또, 어려운 것을 해낸 후의 자

신의 모습을 상상하면 도전을 해도 괜찮을 것 같다는 마음이 들기도 한다. 그러므로 이제부터 '싫다'라는 말 대신 '어렵다'라고 표현을 바꿔 사용해 보자.

✎━━━━━━━━━━━━━━━━━━━━━━━━━━━━━━━━━

싫어하는 과목은 짧게 공부하기, 공부하기 싫다 대신 공부하기 어렵다라고 말하기

공부 미루기

'오늘은 꼭 계획해 둔 분량을 다 끝내야지.'

많은 학생이 매일 이런 결심을 하곤 한다. 하지만 어찌된 일인지 시간이 흐를수록 결심은 무뎌지고 '나머지는 내일 해도 괜찮지 않을까?' 같은 생각이 아주 자연스럽게 찾아든다. 어제도 이와 비슷한 생각을 했고, 그저께도 이런 생각 때문에 그날의 공부 계획을 지키지 못해 '오늘만은 꼭 하자.'라는 각오를 다진 건데도 또 이런 생각이 드는 것이다. 그리고 결국 오늘 공부도 내일로 미루어졌다.

이처럼 공부 미루기가 반복되면 당연히 공부를 해야 하는 시간에 공부하지 못하는 일이 발생한다. 게다가 공부 미루기가 반복되면 결국 자신에 대한 신뢰도가 떨어진다. '오늘은 계획대로 공부할 거야.'라고 다짐하는 순간에도 스스로를 믿지 못한다. 세상의 모든 계획은 계획대로 실행함을 전제로 만드는 것이다. 그런데 자신이 계획대로 움직이지 않을 거라 생각한다면, 계획 자체가 무의미해진다. 이러한 이유 때문이라도 매번 공부를 미루는 건 결코 좋은 일이라 볼 수 없다.

그런데 우리는 왜 자꾸 공부하기를 미룰까? 가장 큰 이유는 목표가 구체적이지 않기 때문이다. '오늘 책 한 권을 끝내야지.' 같은 목표를 정한 학생은 이미 책 한 권의 무게에 짓눌리게 되어 있다. 공부를 하는 대신 자꾸 남은 쪽수를 꼽아 가며 '언제 다 보나?''오늘 과연 내가 이걸 다 끝낼 수 있나?' 등의 걱정으로 공부 시간을 조금씩 허비한다. 그러다 보면 책상 앞에 앉아 있는 게 무의미하고, 지겹게 느껴진다. 그러니 자신도 모르게 오늘은 공부하지 않아도 되는 이유를 계속 찾게 되거나, 다른 일에 기웃거리게 되는 것이다. 따라서 공부 계획을 세울 때에는 구체적이면서도 정해 둔 시간 안에 자신이 충분히 해낼 수 있는 양으로 정하는 것이 좋다.

바람직한 보상

사람들은 가끔 자기 자신에게 보상을 줄 때가 있다. 힘든 일이나, 자신이 할 수 없는 일이라고 생각한 것을 잘 해냈을 때, '와, 내가 결국 해냈구나. 나한테 상을 줘야 해.'라는 심리가 작용하기 때문이다. 청소년은 주로 공부와 관련되었을 때 스스로에게 보상을 준다. 예를 들어 열심히 공부해 좋은 성적을 받았을 때 자기 자신에게 보상을 주고자 한다. 사실 이러한 심리는 아주 자연스러운 일이다. 또한, 앞으로 더 잘 해내기 위해 적절한 보상은 필요한 일이기도 하다.

하지만 이 경우 보상으로 게임을 하는 건 피하는 것이 좋다. 게임은 공부했던 바로 그 방, 그 책상에서 할 가능성이 높기 때문이다. 매일 자신의 방에 틀어박혀 공부하는 일상은 학생에게 스트레스를 주는 요인 중 하나다. 그런데 그 방에서 게임을 한다면 마음을 환기시켜 줄 수 없다. 따라서 보상은 방이나 책상에서 최대한 멀리 떨어진 곳에서 행해지는 것이 좋다. 예를 들어 친구들과 맛있는 것을 먹으러 간다거나 평소에 가 보고 싶었던 공연장이나 전시회를 가는 것이다.

라운드 넘버 이펙트

우리는 대개 무언가를 시작할 때 딱 떨어지는 느낌을 주는 시간에 시작을 해야 안정감을 느낀다. 예를 들어 점심을 먹고 난 후 슬슬 공부를 해야겠다고 마음먹었다고 가정해 보자. 지금 시간이 오후 1시 13분이라면, 바로 공부를 시작하지 않고 1시 30분이나 2시처럼 딱 떨어지는 시간에 공부를 시작하려고 한다. 또, 많은 사람들이 다이어트나 운동을 월요일부터 시작하지 화요일이나 수요일에 시작하진 않는다. 이러한 현상을 라운드 넘버 이펙트round number effect라 한다. 라운드 넘버 이펙트는 17이나 23 같은 수가 아니라 10이나 20처럼 똑 떨어지는 수일 때 새로운 행동을 하려는 현상이다.

라운드 넘버 이펙트는 대부분의 사람들이 선호하기에, 이러한 현상을 아예 없애는 건 불가능하다. 하지만 라운드 넘버를 촘촘하게 만들면 더 세부적인 라운드 넘버에서 시작할 수는 있다. 시계를 예로 들어 보자. 여기 시침밖에 없는 시계와, 15분마다 분이 표시되어 있는 시계가 있다. 현재 시간이 1시 18분이라고 할 때, 시침밖에 없는 시계를 보면 현재 시간이 1시 22분인지 46분인지 정확하게 알 수 없다. 그래서 분 단위는 그냥 넘겨 버리고 '2시 정각에 공부를 시작해야겠다.'라고 생각한다. 정확히 몇 분인지 알 수 없으니 딱 떨어지는 2시를 공부 시작 시간으로 잡는 것이다. 반면, 15분마다 분이 표시가 되어 있는 시계를 보는 사람은 2시가 아니라 1시 30분부터 공부해야겠다는 결심을 한다. 시침밖에 없는 시계와 달리 분침이 30분이라는 똑 떨어지는 숫자를 가리키기 때문이다. 시침만 있는 시계보다는 적어도 30분 일찍 공부할 가능성이 높아진다. 이런 논리로 볼 때 가장 좋은 시계는 디지털시계다. 디지털시계는 9분, 15분, 38분

등 분 단위로 정확히 볼 수 있다. 그러므로 만약 현재 시간이 1시 18분이라면, '2시부터 공부할래.' 대신 1시 20분을 공부 시작점으로 생각할 가능성이 높아진다.

주 단위도 마찬가지다. '지금은 금요일이니까 주말까지는 놀고, 월요일부터 시작해야지.'라고 생각하는 학생이 있다고 가정해 보자. 일주일이라는 간격에서 월요일은 시작하는 날, 일요일은 마무리 짓는 날이라는 의식이 강하게 작용한 결과다. 이럴 땐 한 달을 단위로 하는 월력이 아니라 하루를 단위로 삼는 일력을 쓴다면 시간을 허비하지 않을 수 있다. 한 달 단위로 사는 사람들은 다음 달로만 넘어가지 않는다면, 이번 주에 있는 날들을 비슷한 날들처럼 느끼는 것이다. 하지만 일력을 쓰면 내일 할 일과 오늘 할 일에 구분이 생긴다. 따라서 책상에는 월력 대신 일력이 있는 것이 공부에 도움이 된다.

공부 계획은 구체적이고 할 수 있는 양으로 세울 것, 보상은 밤이나 책상에서 멀리 떨어진 곳에서 주기

운동

* 습관성 체력 극복
* 체육 시간과 공부
* 체육 시간과 교우 관계
* 공부 뇌에 적당한 운동

습관성 체력 극복

공부는 체력이 중요하다. 체력이 없으면 한자리에 오래 앉아 있기도 힘들고, 집중하는 시간도 짧아질 수밖에 없다. 또한 자신의 체력을 염두에 두지 않은 채 무조건 버티면서 하는 공부는 오히려 안 좋은 결과를 낳을 수 있다. 오늘날의 공부는 단순한 암기력만을 가지고 할 수 있는 것이 아니다. 대학 수학 능력 시험만 보더라도 곰곰이 생각해서 푸는 문제가 대부분이다. 이러한 문제들은 만성 피로 상태에서 풀긴 어렵다. 이는 공부할 때 체력적으로 한계를 느껴 가면서 억지로 앉아 있어 봤자 크게 도움이 안 되는 것을 의미한다. 더 심각한 건 체력적 한계를 느끼면서도 공부를 하는 습관이 진짜 굳어져 버린 경우다. 뇌 상태는 전혀 고려하지 않아 효율적이지도 않은 데다가 신체 건강에도 적신호를 보낼 수 있는 나쁜 습관이다.

그러니 체력적으로 한계가 왔다면 몸이 보내는 신호를 무시하지 말고 일단 휴식을 취하거나 잠을 자는 것이 좋다. 특히 '잠이 보약'이라는 말이 있듯 충분한 수면은 신체와 뇌 건강에 도움을 준다. 우리 몸은 잠을 자는 동안 손상된 근육을 회복시키고 뇌에서 독성 물질을 제거하는 활동을 한다. 힘든데도 무조건 버티기보다는 잠과 휴식을 통해 다음 공부를 준비하는 여유가 필요하다.

체육 시간과 공부

서울대학교 의과대학 건강사회정책연구실의 조사에 의하면, 고등학교 10곳 가운데 7곳 이상이 주당 권장 체육 시간인 150분을 채우지 못하고 있다. 심지어 대학 수학 능력 시험을 앞둔 고등학교 3학년생들의 체육 시간은 다른 교과목을 공부하거나 자습하는 시간으로 활용된다. 이는 단 1점이라도 더 높은 점수를 얻으려면 무조건 책상 앞에 앉아 공부해야 한다는 어른들의 생각이 반영된 결과다.

그런데 정말 체육 시간을 없애고 그 시간에 공부를 하면 더 높은 점수를 받을 수 있는 것일까? 우리는 이 답을 찾기 위해 두 가지 측면에서 접근할 필요가 있다.

첫째, 공부는 체력이 받쳐 주어야 할 수 있는 것이다. 체력이 약한 학생은 오랜 시간 책상 앞에 앉아 있으면, 금세 피곤함을 느끼고 쉽게 지친다. 설혹 공부를 좋아하는 학생이라 하더라도 체력이 약하면 공부 집중력은 떨어질 수밖에 없다.

둘째, 운동은 심리적으로도 긍정적인 효과가 있다. 아무리 생각해도 풀리지 않은 문제와 맞닥뜨렸을 땐 그 문제로부터 벗어나는 것이 좋다. 이런 시간을 갖는 걸 인큐베이션incubation, 즉 잠복기라고 한다. 예를 들어 수학 문제가 영 풀리지 않는다면, 잠시 잠복기를 가지는 것이다. 그러기 위해서는 문제를 풀고 있던 교실에서

부터 물리적으로 벗어나는 것이 좋다. 이때 운동장이나 체육관에서 운동을 한다면 체력 강화는 물론 훌륭한 잠복기를 가질 수 있다. 이렇게 잠복기를 가진 후 다시 문제를 보면 새로운 시각에서 접근할 수 있고, 그동안 보이지 않았던 답을 찾을 수 있는 확률이 높아진다.

정리하자면, 학업을 위해 체육 시간을 줄이는 건 결코 좋은 방법이 아니다. 단지 공부에 도움이 되고 안 되고를 떠나 적당한 운동은 청소년들의 신체를 건강하게 만드는 일이기도 하다. 실제로 거의 모든 질병과 정신적인 어려움은 운동 부족에서 기인된다. 운동은 물질대사를 좋게 하며, 면역력을 강화시킨다. 또한, 뇌의 기능을 높이고, 소화를 촉진시키기도 한다. 오죽하면 "운동은 의학이다."라는 말이 나왔겠는가. 학교에서 체육 시간을 줄여 운동할 시간이 없다면, 개별적으로라도 틈틈이 운동하는 습관을 키우는 것이 좋다.

체육 시간과 교우 관계

이른 아침부터 늦은 밤까지 같은 장소에서 공부를 해야

한다는 건 극심한 스트레스를 발생시키는 일이다. 그런데 학생들은 이 일을 매일 하고 있으니 예민해질 수밖에 없다. 그리고 이는 사소한 말과 행동에도 갈등을 유발하는 요인이 된다. 이때 체육 수업은 잠시나마 학생들을 좁은 공간에서 벗어나게 해 준다. 다행히도 우리는 스트레스를 받는 환경에서 벗어나는 것만으로도 정서적으로 환기가 된다. 정서적으로 환기가 되니 운동 후엔 같은 상황에도 덜 예민하게 받아들일 수 있게 된다.

공부 뇌에 적당한 운동

'하루 몇 분 정도 운동해야 공부에 도움이 될까?'

영수 학생은 운동을 썩 좋아하는 편은 아니지만 운동이 공부에 도움 된다는 말을 들은 후에 이 같은 고민에 빠졌다. 그런데 영수 학생이 진정으로 고민해야 할 부분은 '얼마만큼 운동하는 것이 좋을까?'가 아니라 '언제 운동을 하는 것이 좋을까?'여야 한다. 단지 신체의 건강을 위해 하는 운동이 아닌 공부에 도움을 주고 싶다는 정확한 목적이 있기 때문이다.

언제 운동을 하는 것이 좋을까에 대한 답은 당연히 '공부가 되지 않을 때'다. 공부가 되지 않는다는 건 머리가 막혀 있거나 잡생각이 많다는 뜻이다. 머리가 막혀 있는 느낌이 들면 무조건 운동을 해야 한다. 이때의 운동은 걷기, 스트레칭 등 몸을 움직일 수 있는 것이라면 어떤 것이든 좋다.

그럼에도 '하루 몇 분 정도 운동해야 공부에 도움이 될까?'라는 의문이 계속 든다면, 이에 대한 답은 더 간단하다. 당연히 스스로가 이 정도면 공부가 잘될 것 같다는 생각이 들 때까지다. 운동의 양을 정해 두려고 하지 말고, 그때그때 자신의 느낌이나 상태에 따르는 것이 좋다.

무조건 버티는 공부 습관 버리기, 체력적 한계가 오면 휴식 취하기, 풀리지 않은 문제와 맞닥뜨릴 때는 운동하기

지피지기

집중

공부를 해도 성적이 떨어지는 이유

열심히 공부했는데도 성적이 오르지 않았다면, 대부분 그 원인을 찾으려고 한다. 이를테면, '내가 머리가 나쁜가?' '공부 방법이 잘못됐나?' '이번에 집중을 제대로 안 했나 보다.' 등 여러 이유를 찾아, 공부를 했음에도 성적이 오르지 않은 상황을 개선하거나 혹은 정당화하려 든다.

사실 성적이 오르지 않는다고 말하는 학생들에겐 공통점이 하나 있다. 자신이 예측한 시험 점수보다 실제

점수가 낮다는 것이다. 그러니까 '이번 시험은 좀 잘 본 것 같아. 80점은 받을 수 있을 것 같아.'라고 생각한 학생이 60점을 받게 되는 식이다. 예상과 달리 낮은 점수를 받으면 '공부한 것에 비해 성적이 안 나오네.'라는 생각을 할 수밖에 없다. 이와 반대로 60점을 받을 거라 예상했는데 80점을 받았다면 이런 생각 자체를 하지 않을 것이다. 즉, 공부했는데도 성적이 오르지 않는다는 것은 기대 점수와 현실 점수 사이에 간격이 있음을 의미한다.

그런데 이렇게 자기 성적에 대한 예측력이 떨어지는 이유는 무엇일까? 자신이 공부한 내용을 얼마나 소화했는지 알지 못하기 때문이다. 예를 들어 내일이 시험이라고 가정해 보자. 영수 학생은 시험 전날인 만큼 더 열심히 시험공부를 하기로 했다. 그런데 얼마나 공부해야 '열심히' 했다고 할 수 있을까? 영수 학생은 큰 고민 없이 '오늘 이만하면 됐다.'라는 느낌이 들 때까지 공부했다. 그런데 '이만하면 됐다.'라는 느낌은 '열심히 공부해야지.'의 정확한 기준이 되지 못한다. 말 그대로 느낌일 뿐이다. 성적이 오르지 않는다고 말하는 대부분의 학생들은 바로 이 느낌에 의존해 공부를 하고선 자신의 능력보다 더 높은 점수를 기대하는 것이다.

메타인지

중요한 건 자신의 능력이 어느 정도인지 정확히 보는 눈이다. '이만하면 됐다.'는 것은 사실 공부를 더 해야 한다는 말과 다르지 않다. 그런데도 충분하다고 생각하는 이유는 자신이 부족한 것이 무엇인지 모르기 때문이다. 뭘 모르는지 모르기 때문에 무엇을 공부해야 하는지 역시 알지 못한다. 자신의 부족함을 아는 학생은 "이만하면 됐다."라고 말하지 않는다. 부족함을 채우기 위해 더 많이 공부를 한다.

사람에게는 메타인지meta-cognition라는 특수한 능력이 있다. 메타인지는 자기 생각을 보는 생각의 능력을 말한다. 예를 들어 쉽게 설명하자면, 만약 사람들에게 대한민국의 수도를 아느냐고 물으면 곧바로 "네."라는 대답을 들을 수 있을 것이다. 그리고 바로 과테말라에서 일곱 번째로 큰 도시 이름을 아느냐고 물어도 곧바로

"아니오."라는 대답을 들을 수 있을 것이다. 두 대답의 속도는 거의 같다. 그런데 컴퓨터는 모른다는 대답을 이처럼 빠르게 할 수 없다. 컴퓨터는 질문의 답을 찾는 과정을 거쳐야 하기 때문이다. 컴퓨터는 모든 데이터를 검색한 다음에야 "그런 정보가 없습니다."라는 대답을 출력해 낸다. 그러니까 컴퓨터는 아는 사실보다 모르는 사실에 대해 답을 늦게 도출해 낼 수밖에 없다는 말이다. 하지만 사람은 알든 모르든 같은 속도로 반응을 보일 수 있다. 이는 바로 메타인지가 있기에 가능한 것이다. 즉, 사람은 자신이 무엇을 알고 있는지, 무엇을 모르고 있는지 아는 능력을 가지고 있다는 것이다.

메타인지가 아는 것과 모르는 것을 판단하는 기준은 바로 '친숙함'이다. 예를 들어 고려 속요인 〈서경별곡〉이 친숙하다면 '나 이거 잘 아는데.'가 되는 것이고, 친숙하지 않으면 '이건 모르는데, 공부 좀 더 해야겠네.'로 이어지는 식이다. 내가 무언가를 알고 있다는 것은 그것과 익숙하다는 의미가 된다.

하지만 메타인지 때문에 안다는 착각에 빠지기도 한다. 이를테면 친구가 "〈서경별곡〉 알아?"라고 물으면 곧바로 "응, 알지."라고 대답할 수는 있다. 그런데 〈서경별곡〉이 어떤 내용이었어?"라고 물으면 곧바로 대답하지 못한 채 한참을 망설이는 것이다. 국어 시간에 〈서경별곡〉을 배웠고, 문제집에도 자주 나와 제목은 친숙해졌지만 내용은 제대로 공부한 적이 없었던 것이다. 공부를 하지 않았던 이유는 당연히 본인이 이미 알고 있다는 착각에 빠져 그냥 지나쳐 버려서다. 이는 학생들이 공부를 하면서 많이 범하는 실수 중 하나다.

공부는 내가 모르는 것을 알아 가는 과정이다. 그렇기 때문에 내가 무엇을 모르는지를 정확하게 알고 있는 것이 중요하다. 그래야 내가 모르는 어떤 것을 놓치지 않고 채워 넣을 수 있기 때문이다. 하지만 많은 사람들은 물리적으로 자주 접하면, 친숙하다는 이유만으로 다 아는 내용이라고 생각한 뒤 넘어가 버린다.

설명이라는 요술

인지심리학자들이 중요하게 생각하는 두 가지 종류의 지식이 있다. 하나는 내가 알고 있다는 느낌은 있는데

다른 사람에게 설명하지 못하는 지식이고, 다른 하나는 내가 알고 있다는 느낌도 있고 다른 사람에게 설명도 할 수 있는 지식이다. 전자는 친숙하기 때문에 알고 있다고 착각하는 '가짜 이해'에 불과하지만, 후자는 실제로 정확하게 이해하고 있기에 다른 사람에게도 설명해 줄 수가 있는 '진짜 지식'이다. 즉, 우리가 정말 어떠한 것에 대해서 제대로 이해하고 있는지를 알고자 한다면, 말로 설명해 보는 일이 필요하다.

이는 성적을 높일 수 있는 데에도 직접적인 도움이 된다. 예를 들어 보자. 철수 학생은 도서관에서 조용히 공부만 한 반면, 영수 학생은 도서관에서 공부한 후 자신이 습득한 지식을 친구들에게 설명해 주었다. 이 두 학생은 똑같은 집중도로 똑같은 시간 동안 공부했지만, 영수 학생의 학업 성과가 월등히 높은 결과가 나왔다. 그 이유는 무엇일까?

일단 사람은 무언가를 익힐 때보다 익힌 것을 말로 설명할 때 더 잘 기억하고 이해도도 높아지기 때문이다. 공부를 입력, 설명을 출력에 비유한다면, 출력이 입력보다 8배 정도 높은 학습 효과를 가진다. 영수 학생은 도서관에서 지식을 머리에 입력시켰을 뿐 아니라 친구들에게 말을 함으로써 출력되기까지 했다. 그러니 당연히 영수 학생의 학습 효과가 더 클 수밖에 없다.

　두 번째로 설명은 '내가 안다고 생각했지만 사실은 모르고 있다는 사실'을 알게 해 준다. 예를 들어 영수 학생은 열심히 공부했고, 공부한 것의 대부분을 이해했다고 생각했다. 그런데 막상 친구에게 설명을 시작하자 막히는 부분이 있었다. 정확하게 설명할 수 없다는 건 정확하게 이해하지 못했음을 의미한다. 영수 학생은 바로 이 사실을 알게 된 것이다. 즉, 자신이 뭘 모르고 있는지도 몰랐는데 어떤 부분을 모른다는 사실을 알게 되었고, 그 부분을 다시 공부해야 한다는 필요성을 느끼고 그 부분에 대해 더 정확하게 알 수 있는 기회를 얻은 셈이다.

내가 나를 아는 능력

사람은 15세까지 부모님에게 물려받은 능력으로 승부를 볼 수 있다. 즉, 아이큐가 좋은 학생들이 대체로 좋은 성적을 내는 것이다. 그런데 15세가 지나면 부모님에게 물려받은 좋은 머리에 기대어 공부하는 것만으로는 좋은 성적을 낼 수 없다. 이 시점부터 중요해지는 건 자기 자신을 아는 능력, 즉 메타인지다.

메타인지는 상당히 중요한 학습 능력이다. '내가 무엇을 놓치고 있었지?' '아. 이 공부가 필요하구나.' 같은 인식은 지속적으로 공부를 하게 만드는 힘이 되기 때문이다. 그런데 이러한 인식은 앞서 이야기했듯이 다른 친구에게 설명하는 것으로 키울 수 있다. 특히 공부를 이제까지 별로 해 본 적이 없는 친구에게 설명할수록 공부 효과도 커진다. 예를 들어 x^2을 보고 "x 옆에 있는 2는 왜 작게 써?"와 같은 질문을 하는 친구가 있다고 가정해 보자. 친구의 질문은 어이없는 질문처럼 보이지만 사실 굉장히 본질적인 질문이다. 이 질문에 대한 답을 하기 위해선 수의 역사를 알고 있어야 하기 때문에, 학교에서 알려 준 대로만 무작정 외워서는 안 된다. 이는 혼자 공부할 때와 학습적인 측면에서 엄청난 차이를 만들어 낸다.

내가 나를 아는 능력은 이처럼 단지 아이큐만으로

가질 수 있는 것이 아니다. 공부 시간을 쪼개 자신이 공부한 내용을 나눠 주는 것은 친구에게 우호적이며 다른 사람에게 도움이 되는 일을 기꺼이 할 수 있는 이타적 성향을 필요로 한다. 또, 자신이 무엇인가를 모르고 있다는 것을 알게 되었을 때 실망하기보다 기뻐하는 힘도 필요하다. 무엇인가를 모르기 때문에 알아 가는 과정을 밟을 수 있으며, 그 과정에서 성취감을 느낄 수 있다는 생각에서 오는 기쁨 말이다. 이러한 과정들이 결국 '내가 나를 아는 능력'으로 발휘되며, 그것은 곧 보다 나은 학습 효과를 낳게 만든다.

효율적인 공부

공부 시간에서 시간의 양보다 중요한 건 시간의 질이다. 집중이 안 되는 상태에서 5시간을 공부하는 것보다 집중해서 공부하는 2시간이 훨씬 더 공부에 도움이 된다. 또한, 쉬지 못하고 허약해진 신체는 집중력을 떨어뜨린다. 그렇기 때문에 무조건 책상 앞에 앉아 있는 습관을 들이는 것보다 자신의 상태를 정확하게 체크하는 것이 중요하다. 이를테면, 하루 몇 시간을 자야 공부에 집중할 수 있는지, 또 하루 중 어느 시간에 공부가 제일 잘되는지 등을 파악해야 한다. 어떤 학생은 아침에 일찍 일어나 하는 공부가 잘될 것이고, 어떤 학생은 늦은 밤에 공부가 잘될 것이다. 또는 낮 시간에 가장 공부가 잘되는 학생도 있을 것이다. 이처럼 사람마다 집중할 수 있는 시간과 환경이 다르므로, 성적이 좋은 학생이 새벽에 공부한다고 하니 자신도 새벽에 공부하겠다는 생각을 할 필요가 없다. 자기 자신을 돌아보고 머리가 제일 많이 맑아지고 집중이 잘되는 시간을 선택해 그 안에서 공부하면 되는 것이다.

그런데 사실 청소년기에 이렇게 시간을 정해 두고 공부하기란 쉽지 않다. 바로 부모님의 지나친 걱정 때문이다. 부모님들은 다른 아이들이 공부할 때 내 아이가 쉬고 있는 것을 잘 보지 못한다. 온종일 공부해도 부족할 판인데, 아이가 공부 시간을 정해 놓고 그때만 공부하는 것을 보면 괜히 불안해지기 때문이다. 부모님의 이러한 걱정은 당연히 학생인 당사자가 효율적으로 시간을 쓰지 못하는 원인이 된다. 따라서 부모님이 자신이 정해 놓은 공부 시간을 존중해 주지 않는다면, 자신이 그 시간을 공부 시간으로 정한 이유에 대해 차근히 설명한 후, 시간을 효율적으로 사용할 수 있도록 도와 달라고 요청하자.

내가 모르는 것이 무엇인지 정확히 알기, 공부한 내용은 꼭 설명해 보기, 공부가 잘되는 시간 적극 활용하기

조명과 집중

교실의 칠판이 녹색인 이유는 집중력을 높이고 장시간
의 공부로 지친 눈의 피로를 풀어 주기 위해서다. 심리
적으로 안정감을 주기 위해 공부방 벽지를 푸른색이나
아이보리색으로 선택하기도 한다. 이처럼 색이 사람의
심리에 영향을 미치다 보니 사람들은 공부하는 데에도
색을 활용해 보려고 한다. 하지만 일단 공부에 몰입하
면 색은 별 의미를 지니지 못한다. 공부를 하는 동안에
영향을 미치는 건 색이 아니라 '조명'이다.

일반적으로 밝은 곳에서는 순간적으로 각성을 할 수는 있어도 오래 집중하기 힘들다. 패스트푸드점에서 밝은 조명을 쓰는 이유도 이와 같다. 고객이 빨리 먹고 빨리 나가야 매장 회전율이 높아지기 때문에 밝은 조명을 쓰는 것이다. 반면, 고객이 오랫동안 편안하게 머물수록 매출에 도움이 되는 장소에서는 조금 어두워도 안정감을 주는 조명을 사용한다.

공부에서도 마찬가지다. 오래 집중하기 위해서는 형광등 같은 직접 조명보다 스탠드 같은 간접 조명을 쓰는 것이 좋다. 간접 조명은 밝기 수준을 단계별로 선택하거나 위치를 옮겨 밝기를 조정할 수 있기 때문이다.

집중력을 높이는 방법

3시간을 공부해도 학습 효과가 없는 학생이 있는가 하면, 1시간을 공부해도 되는 학생이 있다. 이는 집중력의 차이 때문에 발생하는 일이다. 집중력은 학습 효과를 좌우하는 중요한 요인이다. 아무리 짧은 시간이라도 집중해서 공부한다면 학습 효과는 클 수밖에 없다.

집중력을 높이는 방법은 다양하지만 가장 기본적인 원칙은 '정서적 안정'이다. 스트레스가 많고 마음이 불안하면 책상 앞에 아무리 오랜 시간 앉아 있어도 공부에 집중하지 못한다. 잡다한 생각들로 복잡한 머릿속에 공부한 내용이 들어갈 자리가 있을 리 없다. 따라서 공부하기 전 자신의 마음을 돌보고 가다듬는 자세가 선행되어야 한다. 정서적으로 안정감을 찾는 방법에는 명상이 있다. 공부하기 전 단 5분이라도 명상을 통해 현재의 자기 자신에게 집중하는 시간을 가져 보도록 하자.

또한 자신의 건강을 돌봐야 한다. 건강하지 않은 신체에는 집중력이 무사히 안착할 수 없다. 몸이 허약하면 쉽게 피로해지고 수시로 졸음에 시달리게 된다. 만약 몸이 피곤하다는 신호를 보내면 10~20분 정도 휴식을 취하거나, 가볍게 스트레칭 하는 것이 좋다. 이처럼 집중력을 높이고 싶다면 몸과 마음 모두를 살펴야 한다.

공부하기 전 5분 명상으로 마음 가다듬기, 피곤할 땐 10~20분 휴식 취하기

오답 노트

영수 학생의 공부 습관 중에는 오답 노트 작성이 있다. 오답 노트를 작성함으로써 왜 틀렸는지 정확히 알고 다른 시험에서 유사한 문제가 나왔을 경우 또다시 틀리는 일이 없도록 하기 위해서다. 그런데 영수 학생은 이상하게도 오답 노트를 작성해도 다음번에 이와 비슷한 유형의 문제가 나오면 꼭 틀리고 만다.

'왜 또 이걸 틀렸지? 분명 오답 노트에 정리까지 한

문제인데. 도대체 또 틀린 이유가 뭐야?'

아무리 생각해도 영수 학생은 그 이유를 찾을 수 없었다. 도대체 뭐가 문제인 것일까? 해답은 단순하다. 오답 노트를 작성만 했을 뿐 제대로 공부하지는 않은 것이다.

오답 노트는 학생이라면 한 번쯤 만들어 본 적이 있을 것이다. 어떤 사람은 틀린 문제를 오답 노트에 기계적으로 베낄 것이고, 어떤 사람은 오답 노트를 작성하면서 몇 번이나 '아, 이래서 틀렸구나.' 하며 놀랄 것이다. 이 두 사람에게는 분명한 차이가 있는데, 바로 '놀라움'이다. 전자는 틀린 문제를 이해하는 과정에서 별 다른 반응을 보이지 않았지만 후자는 자신이 틀린 이유를 깨닫고 그것에 대해 '아!' 하는 감정을 가졌다. 이때 틀린 문제에 대해 더 많은 것을 기억하게 되는 사람은 당연히 후자 쪽이다. 그 이유는 하이퍼 코렉션 효과에서 찾을 수 있다. 나중에 정답을 알게 된 후 '아!'라는 놀람 덕분에 정답을 더 잘 기억하는 것이다. 다시 말해 '아! 정답이 이거였구나.'라는 느낌을 받은 문제는 다른 시험지에서 유사한 문제를 풀었을 때 '아, 이거였지.' 하고 기억을 떠올릴 수 있다. 반면, 틀린 문제를 그저 오답 노트에 옮겨 적는 것에만 그친 학생은 유사한 문제가 나왔을 때 또 틀릴 가능성이 크다. 영수 학생은 수년간 오답 노트를 작성해 왔지만 바로 이 '놀라움'을 경험한 적이 거의 없었던 것이다.

또한, 영수 학생은 자신이 틀린 문제를 체크했을 뿐, 오답 노트 작성에서 꼭 해 봐야만 하는 과정인 유사 문제 풀어 보기를 생략해 버리기도 했다. 오답 노트를 보다 효과적으로 활용하기 위해서는 틀린 문제와 비슷한 문제를 서너 개 더 풀어 보는 것이 좋다. 물론 유사한 문제를 또 틀릴 수도 있다. 하지만 좌절할 필요 없다. 오히려 '이런 문제는 여기서 조심해야겠다.'라는 생각이 들면서 틀린 문제를 기억 속에 더 확실히 저장할 수 있게 된다.

틀린 문제와 찍은 문제

시험 성적이 자신의 예상보다 높게 나오는 경우가 있

다. 찍은 문제가 꽤 많이 맞았을 때다. 하지만 점수가 높게 나왔다고 좋아하는 것은 어리석은 행동이다. 찍어서 맞힌 문제는 전체 공부 과정에서 오히려 실이 될 수도 있기 때문이다. 우리는 틀린 문제는 한 번 더 쳐다보게 된다. 왜 틀렸는지 틀린 이유를 찾고 꼼꼼하게 살펴보며 다음엔 같은 실수를 하지 않아야겠다는 각오를 다진다. 그러나 찍은 답이 맞았을 땐 이러한 과정이 생략되기 십상이다. 틀린 문제나 찍어서 맞힌 문제나 그 문제에 대해 정확하게 알지 못하고 있다는 사실은 동일하다. 하지만 맞혔기 때문에 다시 살펴보지 않게 되는 것이다.

만약 시험에서 어떤 문제를 찍었다면, 그 문제는 반드시 표시해 두는 것이 좋다. 그래야 운이 좋아 맞히더라도 잊지 않고 그 문제를 다시 살펴봄으로써 모르고 지나가는 문제를 줄일 수 있다. 또, 시험에서 찍은 문제는 점수에 넣지 않고 계산하는 습관을 가져야 한다. 일단 맞히면 점수에 넣고 싶은 게 사람 마음이다. 이왕이면 높은 점수를 받고 싶고, 틀린 것도 아니니 그래도 상관없다고 생각할 수 있다. 하지만 이는 스스로 실력을 속이는 일이다. 실력을 향상시키기 위해서는 먼저 자기 자신의 정확한 실력을 알고 있는 게 중요하다.

풀이 과정 설명하기

미국의 심리학자 토리 히긴스^{Tory Higgins}는 "사람은 말하는 것을 믿고, 말하는 것을 기억한다."라고 이야기했다. 이를테면, 두어 달 전의 일은 기억하지 못해도 1년 전 학교 축제의 일은 기억한다는 것이다. 축제를 준비하는 과정에서 친구들과 많은 이야기를 나누었기 때문이다. 말을 하지 않으면 기억은 무의식 저편으로 가라앉아 다시 꺼내기 힘들어진다. 우리가 서너 살 이전의 일을 기억에서 꺼내지 못하는 것도 이런 이유 때문이라고 볼 수 있다.

이를 공부에 대입해 보면, 문제를 풀 때 풀이 과정을 눈으로만 보는 것보다 누군가에게 설명해 주는 것이 더 효과적이라는 것을 알 수 있다. 만약 친구가 어떤 문제의 풀이 과정을 알려 달라고 부탁한다면 흔쾌히 들어주는 것이 본인 공부에도 도움이 된다는 것이다. '내가 가

르쳐 줘서 얘가 나보다 시험을 더 잘 보면 어떡하지?'
같은 걱정은 할 필요가 없다. 풀이 과정을 설명하는 일
은 그 문제를 자신의 기억에 더 명확하게 저장할 수 있
는 일이기 때문이다.

오답 노트를 작성할 때는 크게 놀라기, 틀린 문제와 유사한 문제는
꼭 풀어 보기, 찍은 문제는 꼭 다시 풀어 보기, 풀이 과정을 말로 설
명해 보기

창의력은 타고나는 것일까?

흔히 창의력은 타고나는 능력이라 생각한다. 하지만 이
를 뒷받침할 증거는 별로 없다. 일반적으로 인지심리학
자들은 "창의는 능력보다 상황"이라는 말을 많이 한다.
창의적인 사람은 자신이 어떤 상황에 있을 때 새로운
아이디어가 나오는지 알고 있기 때문이다. 만약 걸을
때 창의적인 생각이 많이 떠오른다는 걸 이미 알고 있
는 사람은 창의적인 생각이 필요할 때 일단 무작정 걸
을 것이다. 목욕을 할 때 창의적인 생각이 샘솟는 사람은 목욕부터 할 것이다. 이처럼 창의력은 창의성을 발휘할 수 있는 환경을 스스로 조성하는 노력을 필요로 한다. 그럼에도 만약 창의력을 타고난 능력이라고만 생각한다면, 창의력을 키우기 위한 어떤 노력도 할 수 없을 것이다. 심지어 '난 창의력이 없어서 창의적인 일은 못해.'라고 자신을 세뇌시키는 일은 상당히 위험하다. 충분히 창의력을 발휘할 수 있는데도 스스로 그 능력을 차단하는 것이기 때문이다.

창의적인 생각이 드는 때

창의적인 생각이 드는 때는 크게 세 가지로 나뉜다. 하나는 지금 고민하는 문제로부터 떨어져 있을 때다. 발상의 전환이 일어나기 때문이다. 다른 하나는 정서의 변화가 일어났을 때다. 즉, 기분이 좋아지는 일이 생기거나 재미있는 생각이 문득 들거나 심지어 슬픈 일이 일어나도 새로운 방법을 모색할 수 있다. 감정의 변화는 고민할 때 사용하는 뇌 부위와는 다른 부위를 활성화시켜 그 문제를 보는 시각을 달라지게 하기 때문이다. 마지막으로 고민을 자신의 문제가 아닌 다른 사람의 일이라고 생각하고 볼 때 창의적인 생각이 떠오르게 된다. 사람은 자신의 문제보다 남의 문제에 더 좋은 방법을 많이 생각해 내는 특성이 있다. 고민을 하는 대상이 고민 속에 빠져 다른 생각을 못 할 때, 그것을 한발 물러나 지켜보는 사람은 다른 관점에서 생각할 수 있기 때문이다. 장기나 바둑에서 내가 둘 때는 생각나지 않은 수가 훈수를 둘 때는 생각나는 것도 이 때문이다.

우뇌와 좌뇌

아인슈타인이나 에디슨 같은 천재들이 우뇌가 특별히 발달했기에 창의력이 뛰어나다는 말이 있다. 그런데 이는 정확한 말이 아니다. 그들은 단순히 '우뇌가' 발달한 게 아니라 '우뇌도' 발달했기 때문에 창의적인 것이다. 즉, 우뇌 좌뇌 할 것 없이 뇌가 전반적으로 다 발달되어 있다는 말이다.

창의적인 사람들은 여기저기 흩어져 있는 생각들을 잘 연결시키는 능력이 강하다. 실제로 화학자 아우구스트 케쿨레August Kekulé는 뱀이 자기 꼬리를 물고 도는 꿈을 꾸다가 벤젠의 고리 모양 분자 구조를 알아내 노벨상을 받기도 했다. 이런 생각의 능력을 '유추analogy'라고 한다. 겉으로 보면 상관없어 보이지만 본질적으로 같은 것을 이어 붙여 보는 시도다. 이렇게 멀리 떨어져 있는 것을 가져와 잇는다는 건 좌뇌든 우뇌든 뇌의 연결성이 좋다는 것을 의미한다.

창의력의 기초 체력, 메타포

창의력은 기존에 있던 생각이나 개념을 새롭게 조합해 새로운 생각이나 개념을 찾아내는 일종의 정신적 과정이다. 창의력은 독창성, 융통성 등을 필요로 하며, 이러한 능력을 키우는 기초 체력은 메타포다. 즉, 창의력은 은유적 표현을 얼마나 접했는지에 달려 있다고 해도 과언이 아니다.

메타포를 가장 잘 활용하고 있는 장르는 '시'다. 시는 그야말로 메타포 덩어리라 할 수 있다. 깊은 생각과 영감이 가득한 문장을 은유적으로 풀어내기 때문이다.

최승호 시인의 〈대설주의보〉를 예로 들어 보자. 시인은 산과 골짜기에 눈보라가 내리는 상황을 '백색의 계엄령'으로 표현했다. 계엄령은 국가에 비상사태가 일어났을 경우 국가 원수가 선포하는 명령인데, 계엄령이 선포되면 대체로 국민들이 자유롭게 거리를 활보하지 못한다. 독자는 산, 골짜기, 눈보라, 계엄령 등 전혀 연결성이 없을 것만 같았던 단어들의 조합을 보고, 이제껏 생각해 본 적이 없는 새로운 해석을 접하게 되는 것이다. 이러한 경험은 결과적으로 창의적인 사고와 행동의 기초 체력을 만든다. 건강한 신체를 만들기 위해 운동을 해야 하듯, 창의력 또한 최대한 많은 메타포를 경험하는 훈련이 필요하다.

창의성을 발휘할 수 있는 환경 스스로 조성하기, 시를 통해 메타포 접하기

청소년의 교우 관계

점차 '나홀로족'이 늘고 있는 추세다. 혼밥, 혼술, 혼여 등의 신조어가 생길 정도로 무엇이든 혼자 하는 사람들이 많아졌다. 하지만 이러한 유행에 전혀 영향을 받지 않는 이들이 있다. 바로 청소년들이다. 청소년기에는 유달리 친구를 중요하게 여기며 뭘 하든 친구와 함께하고 싶어 하는 모습을 보인다.

성인에 비해 청소년이 친구를 더 필요로 하는 이유는 무엇일까? 성인의 생활상을 들여다보면 답은 비교적 쉽게 나온다. 사회생활을 하는 성인들은 지나치게 많은 사람을 만난다. 여기서 '지나치게'라고 표현한 것은 사람이 하루 동안 만나도 무리가 없는 사람의 수가 각기 정해져 있는데, 사회생활을 하다 보면 한계치를 훌쩍 넘기기 일쑤다. 어떤 사람은 하루에 2~3명만 만나도 피로감이 몰려오고, 어떤 사람은 하루 10명 이상을 만나도 괜찮을 수 있다. 사람을 만날 때 피곤해지는 건 사람을 만나는 것 자체가 많은 에너지를 소모시키는 일이기 때문이다. 에너지가 많은 사람은 별문제가 없지만, 에너지가 적은 사람은 적정 수준 이상의 사람을 만나는 게 고역일 수밖에 없다. 그럼에도 업무 때문에 어쩔 수 없이 사람을 만나다 보니 혼자 있는 시간을 바라게 되는 것이다.

반면, 청소년은 수십 명의 반 아이들과 한 교실에서 공부해야 하는 상황에 놓여 있다. 하지만 수업이 끝난 후에도 학원에 가 또 다른 공부를 한다. 인간은 사회적 동물임에도 종일 공부만 하고 있는 것이다. 이는 청소년들을 상당히 외롭게 만드는 일이다. 그러니 당연히 친구와 만나 수다를 떨거나 함께 맛있는 것을 먹고 싶다는 바람을 가질 수밖에 없다. 또, 이런 시간이 있어야 공부에서 받는 스트레스를 조금이나마 해소할 수 있다.

친구를 사귀는 방법

친구와의 관계 맺기를 유독 어려워하는 청소년이 있다. 친구와 있기보다 혼자 있는 것을 편하다고 느끼거나, 친구를 사귀고는 싶은데 어떻게 사귀는지 알지 못하는 등 다양한 이유가 있을 수도 있다. '나는 친구가 없어도 괜찮아. 뭐든 다 혼자 할 수 있으니까.'라고 생각하며 애당초 친구와의 관계 맺기를 포기해 버리는 사람도 있다. 하지만 마음을 터놓고 대화를 나눌 친구가 없다는 건 사람을 매우 외롭게 만드는 일이다.

'친구가 없어도 괜찮아.'라고 생각할 것이 아니라 '친구와 좋은 관계를 맺기 위해 노력해야지.' 같은 마음 자세가 필요하다. 공부를 잘하기 위해 노력이 필요하듯 친구와의 좋은 관계에도 노력이 필요하다. 아무 노력도 하지 않고 가만히 있는데 저절로 좋은 친구가 생기지는 않는다. 친구와의 관계 맺기에서 가장 중요한 노력은 자신의 마음을 여는 것이다. 타인과 친구가 되기 위해선 감정 교류가 필요하다. 가끔 어떠한 사람들은 '말하지 않아도 상대는 알고 있겠지.'라고 생각하는데, 말을 하지 않으면 내가 어떤 생각을 하고 있으며 어떤 마음인지 상대방은 알지 못한다. 반대로 나 역시 상대방이 말해 주지 않으면 상대방의 생각과 마음을 알 수 없다. 그러니 나의 기쁨과 슬픔을 친구에게 말하기도 하고, 친구의 기쁨과 슬픔을 듣기도 하며 서로가 서로를 이해하는 과정을 가져야 하는 것이다. 여기서 꼭 기억해야 할 점은, 이 과정은 내가 먼저 다가섰을 때 시작될 수 있다는 사실이다.

부모님은 왜 내 친구를 싫어할까?

혹시 부모님이 자신의 친구를 탐탁지 않게 여겼던 적이 있는가? 가끔 "그 친구와 친하게 지내지 마라." "그 친구와 안 만나면 안 돼?" 같은 말을 거침없이 하는 부모님들이 있다. 부모님이 그 친구를 싫어하는 이유는 수십 가지가 있을 것이다. 태도가 불량해 보이기 때문일 수도 있고, 공부를 못하기 때문일 수도 있다. 심지어 어떤 부모님은 친구네 집이 가난하기 때문에 함께 어울리는 것을 반대하기도 한다. 이처럼 싫어하는 이유는 여러 가지일 수 있지만, 사실 부모님들의 본심은 하나로 정리된다.

'내 아이에게 피해가 되는 친구는 싫다.'

일단 '내 아이에게 피해가 되는 사람'이라는 낙인이 찍히면 우리가 아무리 "그 친구 진짜 착하고 좋은 애야."라고 말해도 부모님 귀엔 들리지 않는다. 착하거나 좋은 아이라는 사실은 이미 중요하지 않다. 부모님은 도움은커녕 피해를 끼칠 수 있는 아이가 내 자식과 가까이 지낸다는 사실 자체에 거부 반응을 보이기 때문이다.

부모님이 싫어하는 친구를 받아들이게 하는 법
나는 나대로의 시각視角이 있고, 부모님은 부모로서의

시각이 있다. 당연히 내 시각이 무조건 맞고, 부모님 시각은 무조건 그르다고 할 수 없다. 부모님이 싫어한다는 이유만으로 친구를 멀리하긴 어렵다. 그러다 보니 친구가 원인이 되어 부모님과의 갈등이 일어나기도 하는 것이다.

이때 "아빠가 생각하는 것처럼 그렇게 나쁘지 않아. 진짜 좋은 친구야." 혹은 "엄마가 그 애를 잘 몰라서 그래. 걔 진짜 착해." 같은 말로 부모님을 설득시키려고 하는데, 이러한 말은 별 효과가 없다. 부모님을 설득하고 싶다면 곤란한 상황에서 친구가 어떤 도움을 주었는지 구체적으로 말하는 것이 좋다. 이를테면, "학교 식당에서 매일 혼자 밥 먹느라 외로웠는데, 그 친구가 나랑 같이 밥 먹어 줬어."라든가, "내가 체력이 약하다는 것을 알고 그 친구가 체육 시간에 계속 나를 챙겨 줬어." 같은 말들이다.

부모님은 우리가 친구의 좋은 점을 수십 개 말해도 믿으려 하지 않는다. 사람을 보는 눈은 어른인 자신이 더 정확하다고 착각하고 있기 때문이다. 하지만 그 친구가 나의 약점을 보완해 주고 곤란한 상황에서 도와주

었다고 말하면 부모님은 생각보다 훨씬 쉽게 설득의 문
을 열어 준다.

✏️▭◾ --
좋은 친구를 갖고 싶다면 먼저 다가가기, 부모님이 내 친구를 싫어한
다면 친구가 내게 도움을 주었던 일을 말하기

카페인의 효능과 의존성

몇 년 전, 학생들 사이에서 소위 '붕붕 주스'가 유행한
적이 있다. 붕붕 주스는 잠을 쫓기 위해 에너지 음료에
다가 비타민 C나 이온 음료 등을 섞어 만든 것인데, 이
음료수를 마시면 붕붕 날아다니는 기분이 든다 해서 붕
붕 주스라는 이름이 붙여졌다. 붕붕 주스의 카페인 함
량은 커피 한 잔의 10배, 콜라 한 잔의 무려 30배에 이
를 정도로 높다고 한다.

카페인은 자율 신경계에 영향을 미치기 때문에 하루

권장량이 정해져 있다. 성인은 약 400밀리그램, 청소년은 125밀리그램이며, 참고로 원두커피 한 잔에 100밀리그램 정도의 카페인이 들어 있다. 적당한 카페인 섭취는 정신을 맑게 해 주고 집중도를 높인다. 하지만 지나친 섭취는 우리 몸의 자생력을 떨어뜨릴 뿐 아니라 불면증이나 불안 증세를 일으킨다. 그럼에도 학생들이 카페인을 섭취하는 건 공부를 해야 하는데 잠이 오거나 피곤한 상황을 어떻게든 견뎌 내기 위해서다.

실제로 카페인이나 잠 깨는 약은 얼마간 각성의 효과가 일어나기 때문에 지금 하려는 일을 성공적으로 수행할 수 있다고 믿는 '자기 효능감'을 준다. 자기 효능감 덕분에 실제로 '나는 잘할 수 있을 거야.' 같은 생각이 들어 무언가를 조금 더 하게 되는 것이다. 하지만 카페인 효과가 떨어지면 자기 효능감이 사라지게 되고, 올라갔던 높이보다 더 큰 폭으로 의욕을 떨어뜨린다.

또, 카페인 복용이 습관화가 되면 자신도 모르게 '내가 오늘 카페인을 복용하지 않아서 이렇게 집중력이 떨어지는 거야.' 같은 카페인에 전적으로 의존하는 생각을 하게 만들 위험이 있다. 이러한 생각은 카페인에 대한 의존도를 높일 뿐 아니라 점점 더 많은 카페인을 섭취하게 만든다.

자기 성찰의 능력을 없애는 카페인

카페인이 들어간 음료의 가장 큰 위험은 카페인에 대한 의존성을 높이는 것이다. 카페인 의존성이 높을수록 공부가 되지 않을 때 그 원인을 카페인 섭취에서 찾기 쉽다. 내가 얼마나 열심히 공부했는지에 대한 생각보다, 내가 오늘 카페인을 복용했는지 복용하지 않았는지부터 떠올리는 것이다. 즉, 의존도가 높으면 공부에 집중되지 않은 이유도 카페인이고, 자꾸만 잠이 오는 이유도 카페인이 된다. 또한, 카페인을 마시면 집중이 더 잘될 것 같고 졸음도 쫓을 수 있을 것만 같은 느낌이 들게 된다. 계속해서 이런 식으로 생각하다 보면 공부가 되지 않은 진짜 이유를 절대 찾을 수 없게 된다.

어떠한 일을 하든 그 일이 잘되었을 때나 잘되지 못했을 때엔 그 이유에 대한 분석을 할 수 있어야 한다. 어째서 잘되었는지, 또는 어째서 못 되었는지에 대한 이유를 찾을 수 있는 능력을 '자기 성찰의 능력'이라고 한다. 어떠한 결과든 그에 따른 원인이 있기 마련이다. 만약 부정적인 결과가 나왔다면, 그 원인을 정확하게 진단하고 개선해 나가야 지금보다 더 나은 방향으로 나아갈 수 있다. 하지만 카페인에 대한 의존도가 높으면 이런 자기 성찰을 하지 못하게 된다. 카페인을 마셨기 때문에 잘된다거나 마시지 않았기 때문에 잘 안된다거나 하는 식의 생각이 자기 성찰의 능력을 사라지게 만드는 것이다. 그러니 공부 시간을 남들보다 많이 확보하겠다고, 또는 집중력을 높이겠다고 무리해서 카페인을 과다 섭취하기보다는, 꼭 필요하다고 느낄 때에만 권장량 정도를 섭취하는 것이 좋다. 그리고 카페인에 의존하는 대신 자기 성찰 능력을 키워 결과에 대한 이유를 분석하고 개선해 나가도록 하자.

카페인에 의존하지 않기, 자기 성찰 능력 키우기

컴퓨터만 하면 시간이 빨리 가는 이유

시간은 종종 때에 따라 빨리 가기도 하고 느리게 가기
도 한다. 수업 시간 50분은 몹시 느리게 흘러가지만, 컴
퓨터 게임을 하는 50분은 후딱 지나가 버리는 것이다.
왜 똑같은 50분이 상황에 따라 다르게 느껴질까? 비밀
은 '몰입'에 있다. 몰입은 어떤 일에 흠뻑 빠져 있는 상
태를 뜻한다. 일반적으로 우리는 무엇인가에 몰입할 때
얼마의 시간이 지났는지 알아차리지 못한다. 게임을 조
금만 하겠다고 마음먹어도 일단 몰입을 하면 시간은 순

식간에 흐른다. 그러니 게임에 몰입하는 50분은 공부에 몰입하지 못하는 50분에 비해 빨리 지나갈 수밖에 없다. 어떻게 지났는지도 모르게 시간이 지나가기 때문에 몰입한 대상을 적당한 시간에 끝내는 것은 매우 어렵다.

학생의 입장에서 몰입의 대상이 공부라면 좋겠지만 이는 가능성이 매우 낮은 일이다. 대체로 몰입의 대상은 놀이에 준하는 것이 많다. 놀이에 몰입하다 보면 학생은 그만큼 공부할 시간을 빼앗기게 된다. 따라서 몰입도가 높은 일을 하는 경우엔 스스로 정확한 시간을 정해 두는 것이 좋다. 특정한 시간에 몰입을 그만두게 할 수 있도록 알람을 맞춰 놓는 것도 좋은 방법이다.

고착화된 습관, 중독

세상엔 공부를 방해하는 요소들이 참 많다. 그중 하나가 인터넷이다. 많은 학생들은 휴식을 취하는 방법으로 인터넷 서핑, 게임, SNS 등을 활용한다. '50분 공부했으니 5분만 쉬어야지.' 하는 마음으로 인터넷에 접속하지만, 어느샌가 시간이 후딱 지나가 5분이 아니라 50분을 쉬게 되거나 그 이상 쉬게 된다. 그러다 그날 계획한 공부를 아예 못하는 상황이 발생하기도 한다. 이런 일이 반복되면 '인터넷을 아예 하지 말아야지.' 스스로 다짐을 하며 노력하게 된다. 그런데 그럴수록 오히려 더 인터넷을 하고 싶은 마음은 강렬해지고, 결국 참지 못하고 다시 인터넷을 하면서 많은 학생들이 스스로를 '인터넷 중독'이라고 생각한다.

사실 우리는 많은 부분에서 중독이라는 말을 쉽게 쓴다. 인터넷 중독, 커피 중독, 게임 중독, SNS 중독 등이 그것이다. 다른 것에 비해 더 많은 시간을 쓰거나, 다른 사람에 비해 더 많이 좋아하면 중독이라는 단어부터 붙여 버린다. 그런데 중독은 단지 시간을 많이 쓴다거나 더 많이 좋아하는 것만으로 단정 지을 수 없다. 중독은 내성이 생겨 강도나 수위를 높여야만 만족감을 느낄수 있는 상태에 이르는 것을 의미하기 때문이다. 또, 그 특정 행위를 하지 않았을 때 불편해하고, 괴로워하고, 심지어는 폭력적으로 변하는 상태가 되는 것을 말한다.

중독은 고착화된 습관이다. 습관을 없애는 건 거의

불가능에 가깝다. 그렇다고 중독을 치유할 방법이 아주 없는 것은 아니다. 습관을 없애는 건 어렵지만 다른 습관으로 덮어씌우는 건 가능하기 때문이다. 예를 들어, 인터넷 중독자가 무조건 인터넷을 끊으려 하기보다는 인터넷을 대체할 수 있는 다른 놀이를 개발해 그쪽으로 관심을 이동하는 것이다.

팝콘 브레인 현상

사람의 뇌는 단순 계산이나 암기를 통해 발달되지 않는다. 깊은 사고와 연결적인 사고를 많이 해야만 고차 사고를 담당하는 앞이마엽전전두엽의 면적이 넓어지고 뇌가 발달하게 된다. 그런데 우리가 흔히 사용하는 컴퓨터는 우리가 궁금해하는 것에 대한 답을 쉽고 빨리 찾아 주어 편리함을 주지만, 깊은 생각을 하지 않게 해 앞이마엽의 면적을 오히려 줄어들게 만든다. 원하는 정보를 컴퓨터가 모두 제공해 주어 쉽게 정보 파악이 가능해지다 보니, 마치 모든 정보를 내가 진짜로 이해하고 안다고 착각하게 만들기도 한다. 하지만 우리가 그 정보에 대해 다시 이야기하면 내가 실제로 그 정보에 대해 제대로 알고 있지 않음을 깨닫게 된다. 특히 온라인 게임은 뇌의 일부분만 쓰게 만들어 단편적인 사고를 하게 만들며, 뇌의 일부만 발달하게 한다. 이는 팝콘처럼 곧바로 튀어 오르는 것에만 반응하게 될 뿐, 다른 사람의 감정이나 진짜 현실에는 무감각해지는 '팝콘 브레인 popcorn brain' 현상으로 이어질 수 있다.

그렇다면 팝콘 브레인 현상을 막기 위해 우리는 게임을 아예 하지 말아야 할까? 게임을 무조건 차단 대상으로만 보는 것은 무척이나 이분법적인 생각이다. 마치 19세기 후반, 마차와 자동차의 충돌 사고가 빈번히 발생하자 자동차의 속도를 시속 3킬로미터로 제한해, 결국에는 독일에 자동차 산업의 주도권을 빼앗기게 만든 영국의 '붉은 깃발법'과 같은 시대착오적 발상이다.

2015년 영국의 경제 주간지 〈이코노미스트〉는 이제 우리 인류는 포노 사피엔스phono sapiens를 맞이한다고 언급한 적이 있다. 포노 사피엔스는 '지혜가 있는 전화기'라는 뜻으로, '지혜가 있는 인간'이라는 뜻의 호모 사피엔스에 빗대어 만든 말이다. 즉, 우리는 이제 스마트폰을 신체의 일부처럼 사용하는 새로운 시대에 들어섰다는 것이다. 그러니 스마트폰에서 무수히 개발되고 소비되는 게임 역시 무작정 막는다고 될 일은 당연히 아니라는 말이다.

진짜 문제는 게임을 '오락'으로만 보는 것이다. 사람은 왜 게임에 빠져들까? 게임은 단순한 놀이나 오락이 아니다. 게임에는 규칙rule, 목표goals, 결과outcome, 갈등conflict 등 인간사의 모든 측면들이 존재한다. 그런데 그 과정에서 현실적인 이익이나 이해관계와 무관한 자유로운 도전이 가능하기 때문에, 많은 사람들이 열광하는 것이다. 그리고 이러한 게임적 요소를 이해하는 사람들이 세상을 바꿔 나가고 있다. 많이 알고 있는 애플, 구글, 마이크로소프트, 아마존, 페이스북, 알리바바는 2018년을 기준으로 시가 총액 세계 10대 기업 안에 드는 기업들로, 모두 컴퓨터나 스마트폰과 직결되는 회사들이다. 더 놀라운 것은 중국의 텐센트라는 모바일 게임을 만드는 회사도 이 글로벌 기업들과 어깨를 나란히 하고 있다는 사실이다.

이제는 게임을 하면서 정체성을 형성하는 수준에 이

르렀다. 그러니 게임을 무조건 막아야 할 대상으로 볼 것이 아니라 오히려 '좋은 게임'을 찾는 것이 중요하다. 마차와 자동차가 공존하는 거리를 모색한 독일이 붉은 깃발법을 만든 영국 대신 자동차 산업의 선두 주자가 된 것처럼 말이다.

유추적 사고와 깊은 사고

우리는 공부할 때 뇌의 이곳과 저곳을 연결해야만 하는 깊은 사고를 사용한다. 덧셈이나 뺄셈처럼 단순한 계산 문제나, '세종대왕이 만든 것은?'과 같은 단순 암기에는 깊은 사고가 필요하지 않다. 하지만 유추적 사고를 필요로 하는 문제는 깊은 사고를 해야만 풀 수 있다. 유추는 구조적 유사성이나 관계성까지 보는 것을 의미한다. 예를 들어 "눈은 마음의 창이다."라는 구절이 있다. 눈, 마음, 창은 제각각 다른 범주에 속하므로, 얼핏 생각하기에 이 세 단어는 전혀 연결성을 가지지 않는다. 하지만 눈과 창은 '무언가를 볼 수 있게 하는 통로'라는 유사성을 지닌다. 이 유사성을 이어 붙여 "눈은 마음의 창이다."라는 문장이 탄생한 것이다.

유추를 하기 위해선 멀리 떨어져 있는 것을 이어 붙이는 작업이 필요하다. 이때 앞이마엽과 다른 피질, 혹은 앞이마엽 안에서도 여러 가지가 연결된다. 뇌의 신경 세포들을 연결하는 것은 시냅스인데, 컴퓨터를 하는 동안에는 시냅스가 연결되지 않는다. 인터넷 서핑이나 온라인 게임 등은 우리에게 생각할 틈을 주지 않고 그냥 모든 것을 제시해 주기 때문이다. 컴퓨터는 분명 친절한 정보 제공자이지만, 우리가 깊게 생각하는 기회를 차단한다. 따라서 책과 같이, 읽는 사람이 글에서 묘사한 장면을 직접 만들어 내야 하는 불친절한 정보 제공자를 활용하는 것이 좋다. 이 불친절함은 우리가 우리의 뇌를 더 많이 쓰게끔 만들어 유추적 사고와 깊은 사고를 할 수 있도록 도와줄 것이다.

몰입도가 높은 일을 할 때는 그 일을 그만둘 시간을 정확하게 정해 두기, 고치고 싶은 습관은 새로운 습관으로 덮어씌우기, 깊은 사고를 위해 불친절한 정보 제공자 활용하기

타임

아침형 인간과 저녁형 인간

한때 우리 사회에선 '아침형 인간' 열풍이 인 적이 있다.
일찍 일어난 새가 먼저 벌레를 잡는 것처럼 아침형 인
간이 성공할 가능성이 높다는 이유에서다. 하지만 얼마
지나지 않아 아침형 인간의 대항마로 '저녁형 인간'이
나오기도 했다. 저녁형 인간을 내세우는 사람들은 왜
꼭 아침 일찍 일어나야 하는지에 대한 의문을 제기하며
창의성은 저녁 시간 이후에 더 발휘된다고 주장했다.

 아침형 인간과 저녁형 인간 중 어떤 유형이 더 나은

지에 대한 명확한 답은 없다. 사람들마다 생활 습관과 행동 양상이 다르기 때문이다. 그리고 사실 둘 중 어떤 유형이 좋은지보다 더 중요한 것은 수면의 질이다. 수면의 질이 나쁘면 아침 일찍 일어나도 그날 하루를 알차게 보낼 수 없으며, 새벽 늦게까지 깨어 있어 봤자 몽롱한 상태로만 있을 뿐이다. 즉, 수면의 질을 확보하는 선에서 각자 자신에게 가장 적합한 방식을 선택하면 된다. 다만 공부에 한에서는 아침과 저녁을 구분해 활용할 필요가 있다.

아침은 사람이 뇌의 에너지를 가장 많이 가질 수 있는 시간이다. 뇌도 결국 생각을 하는 기계machine이므로, 종일 쓰게 되면 피로해진 상태가 되어 버린다. 그러니 이제 막 일어나 뇌의 에너지가 활발한 상태에서는 머리를 많이 쓰는 공부를 하는 것이 좋다. 깊은 사고, 유추적 사고를 필요로 하는 공부가 이에 해당된다.

반면 저녁에는 단순 암기를 하는 것이 좋다. 뇌에는 간섭interference이라는 것이 있는데, 저녁에는 이 간섭이 거의 작용하지 않는다. 쉽게 말해 영어 단어 20개를 밤에 암기한 학생은 오전에 암기한 학생보다 더 많은 단어를 기억할 수 있다는 이야기다. 왜냐하면 오전에 암기한 학생은 암기한 20개의 단어들과 비슷한 단어, 연관 있는 단어 등 이후에 새로운 정보를 계속해서 접하게 되는데, 이 정보들이 오전에 외웠던 단어를 머릿속에서 꺼내려고 할 때마다 간섭으로 작용한다. 하지만 밤에 단어를 외우고 바로 잠자리에 든 학생은 자는 동안 새로운 정보를 접하지 않았기 때문에 외운 단어들을 보존할 수 있는 것이다.

정리하자면, 아침에는 깊은 생각을 해야만 하는 공부가, 저녁에는 단순 암기가 유리하다. 그러니 '나는 어떤 유형의 인간인지를 따지기보다 언제 무슨 공부를 하는 것이 적합한지 이해하고, 그에 따라 공부 시간과 공부할 내용을 정하는 것이 더 현명한 일이다.

공부가 한창 잘될 때 배가 고프다면?

공부를 하다 보면 배꼽시계가 '빨리 밥 먹어. 배고파.'라고 재촉할 때가 있다. 이때 우리가 할 수 있는 행동은 바로 밥을 먹거나, 조금 참았다가 밥을 먹거나 두 가지다. 바로 밥을 먹는 이유는 배가 고픈 상태에선 책상 앞에 앉아 있어 봤자 소용이 없을 거라 생각해서다. 이와 달리 배가 고파도 좀 참고 공부를 계속하는 이유는 공부의 흐름을 깨뜨리지 않기 위해서다. 그렇다면 이런 상황에서 어떤 행동이 공부에 더 도움이 될까? 결론부터 말하자면 바로 후자 쪽이다.

사람은 기본적으로 여러 욕구를 가지고 있다. 먹고 싶은 욕구도 그중 하나다. 그런데 재미있는 것은 욕구가 충족되지 않은 상태에서 어떤 지식을 집어넣게 되면, 먹고 싶은 욕구가 지식에 대한 욕구로 전이된다. 다만 이런 상태로 가기 위해서는 배고픔을 '조금' 참는 게 중요하다. 배고픔을 느낀 시점에서부터 30~40분까지는 공부가 가장 잘되는 시간이다. 이 30~40분을 넘기게 되면 배고픈 상태에만 집중하게 된다. 배고픔을 통제하지 못해 그저 먹고 싶은 욕구만 가지게 되는 것이다. 따라서 배가 고프다면 30분 내지 40분 정도 조금 더 공부를 한 다음에 밥을 먹는 것이 가장 좋다.

밥을 먹은 후의 공부법

사람들이 흔히 하는 말 중엔 "등 따시고 배부르니 마냥 편하네."가 있다. 몸이 편하고 배까지 부르면 그저 편하기만 해서 별다른 욕구가 생기지 않는다는 뜻이다. 사람은 욕구가 있을 때에만 생각을 하게 되는 시스템을 가지고 있다. 즉, 배가 부르고 몸이 편한 상태에서는 그 어떤 욕구도 느끼지 못한다는 뜻이다. 그러니 밥을 먹은 후에는 최소한 10분 이상 몸을 움직이는 것이 좋다. 그래야 욕구가 완전히 충족되어 느슨해진 뇌를 활성화시켜 공부하기 좋은 상태로 전환할 수 있기 때문이다.

적정 수면 시간

학생들에게 시간 배분은 매우 중요하다. 특히 입시를 앞둔 수험생은 공부 시간을 최대한 많이 확보하고자 잠자는 시간까지 줄인다. 수험생 사이에서 4시간 자면 합격하고 5시간 자면 떨어진다라는 뜻의 '4당 5락'이라는 말이 돌 정도다.

청소년들의 적정 수면 시간은 8시간에서 9시간이다. 그런데 4시간이나 5시간밖에 자지 않는 것이 정말 공부에 도움이 될까? 먼저 그 답을 말하자면, 정해진 바가 없다. 수면은 뇌가 휴식을 하게 도와주는데, 사람마다 뇌의 휴식 시간은 다르기 때문이다. 만약 뇌가 충분한 휴식을 취하지 못했다면 어떤 공부를 해도 집중이 잘 안되며 능률도 오르지 않는다. 즉, '몇 시간을 자야 좋은 가?'라는 질문을 하기 전에 먼저 '나는 몇 시간을 자야 좋은 사람인가?'에 대한 질문부터 해야 한다. 하루 7시 간은 꼭 자야만 그날 공부를 할 때 집중할 수 있는 사람 이라면, 5시간 자는 사람을 따라 5시간을 잘 필요는 없 다는 이야기다. 무언가를 하기 위해 잠을 얼마나 줄여 야 하는지 고민하기보다는, 깨어 있는 시간의 집중도를 높이는 게 중요하다.

이를 알지 못한 채 자신의 적정 수면 시간보다 적 은 시간의 잠을 자게 되면 제대로 휴식도 취하지 못하 고 신체와 정신을 고통스러운 상황으로 밀어 넣는 결과 를 낳게 된다. 이런 상태에선 당연히 집중도가 떨어질 수밖에 없다. 오랜 시간 책상 앞에 앉아 있는 것보다 짧 은 시간을 공부하더라도 집중력 있게 하는 것이 중요하 므로, 집중력을 높이기 위해서라도 자신에게 맞는 적정 수면 시간을 통해 몸과 뇌를 충분히 쉬게 해 줘야 한다.

자투리 시간 활용법

자투리 시간이란 일과 사이에서 잠깐씩 남는 시간을 말한다. 학생의 경우 대체로 쉬는 시간이 자투리 시간이 된다. 공부를 열심히 하려는 학생들은 이 자투리 시간조차 그냥 보내는 것을 아까워한다. 그래서인지 자투리 시간에 수학 문제를 풀거나 영어 독해를 하는 등 최대한 그 시간을 활용하고자 노력한다.

그런데 자투리 시간은 말 그대로 '자투리'다. 짧은 시간이 잠시 주어지는 것일 뿐이다. 짧은 시간에 엄청난 집중력을 끌어내기란 쉽지 않다. 따라서 이 시간엔 집중력을 필요로 하는 공부를 하기보다 수업 진도를 확인하거나 필기 훑어보기, 자주 틀리는 문제 체크하기 등 자신의 공부에 대한 모니터링을 하는 것이 바람직하다. 예를 들어 수학 문제 중에서 몇 개 틀렸는지를 세어 보거나, 영어 단어를 제대로 외웠는지 검토하거나, 수업 시간에 필기한 것 중 빠진 것이 없는지를 확인하는 것

이다. 이처럼 공부와 관련된 진행 사항을 체크하다 보
면 자신에게 필요한 공부가 무엇인지를 알게 된다.

自신에게 맞는 적정 수면 시간 찾기, 공부 중 배고프다면 30분 정도
만 더 공부하기, 밥 먹은 후에는 10분 이상 움직이기, 자투리 시간에
는 공부에 대한 모니터링하기

프

필기

조선 왕조식 필기

한 교실에 앉아 같은 선생님의 동일한 수업을 듣는데도 학생들마다 필기한 내용과 스타일은 각기 다르다. 어떤 학생은 선생님의 설명을 한 자도 빠짐없이 꼼꼼하게 필기하는가 하면, 어떤 학생은 자신이 중요하다고 생각한 단어만 적는다. 또, 어떤 학생은 밑줄만 그어 놓는가 하면, 어떤 학생은 펜은 절대 들지 않고 머릿속으로만 필기한다. 이처럼 필기의 방식은 제각각이지만 그 목적은 같다. 선생님의 설명을 최대한 잘 이해하고 오랫동안 기억하기 위해서다.

이 중에서도 선생님의 설명을 하나도 놓치지 않고 필기하는 학생은 다른 학생에 비해 매우 열심히 수업에 임하는 분위기를 풍긴다. 그런데 사실 모든 것을 다 받아적는 일명 '조선 왕조식 필기'를 하는 학생은 오히려 수업 시간에 들은 내용을 이해하지 못했을 가능성이 크다. 모든 걸 필기한다는 건 결국 중요한 게 무엇인지 모른다는 뜻이기 때문이다. 또한, 이러한 필기는 공부에 크게 도움이 되지도 않는다. 수업 시간에 내용을 이해하기보다는 필기하는 데에만 온 신경을 쓰고, 추후에 필기한 내용을 가지고 공부할 때에도 핵심이 무엇인지, 어떤 것을 더 깊게 봐야 하는지 알 수 없게 만들기 때문이다.

그렇다고 조선 왕조식 필기 습관을 지금 당장 고치기 위해 너무 애쓰지 않아도 된다. 한번 든 버릇은 쉽게 버리기 어려운 데다, 이제까지 했던 것을 안 하면 오히려 수업 시간에 집중하기 어려워질 수 있기 때문이다. 대신 조선 왕조식 필기를 한 후엔 중요한 것 위주로 다시 정리하는 또 다른 습관을 들여 보자. 수업 후 나의 필기 분량을 3분의 1이나 4분의 1로 줄여 다시 정리하는 시간을 갖는 것이다. 이 과정을 통해 자기만의 새로운 정리 방법을 가질 수 있게 된다.

뇌의 3법칙을 활용한 필기법

공부에 도움이 되는 좋은 필기법은 중요하거나 어렵거나 모르는 것들 위주로 적어 나가는 것이다. 이는 뇌의 3법칙과도 연관성을 가진다. 3법칙은 어떤 것을 듣거나 공부하거나 외울 때 세 가지 이상 습득하기 힘들다는 것을 뜻한다. 즉, 우리의 뇌는 어떤 것이든 세 개 이상을 저장하지는 않는다는 말이다. 필기를 할 때에도 마찬가지다. 필기를 끝낸 후엔 세 가지 이상을 기억하지 못한다. 따라서 정말 중요해서 절대 잊어서는 안 되는 몇 가지를 표시해 두는 일이 필요하다. 이때 색깔 있는 펜을 사용하는 것도 한 방법이다. 중요한 것은 빨간색, 어려운 것은 파란색, 모르는 것은 노란색 등 나만의 기준을 정해 표시하는 식이다. 이렇게 색깔별로 체크를 해 두면 추후 다시 공부할 때 내가 필요한 부분을 재빨리 찾아낼 수 있어 유용하다.

친구가 한 필기가 도움이 될까?

수업에 집중을 하지 못했을 때나 필기하기 귀찮아 나중에 친구의 필기를 그대로 베껴 본 경험이 한 번쯤 있을 것이다. 그런데 사실 친구의 필기가 크게 도움이 되지 않을 수도 있다는 사실을 아는가? 사람마다 성격이 다르듯 지식을 습득하거나 정리하는 방식도 다르다. 어떤 사람은 가장 중요한 내용을 위에 두고 하위 내용을 적어 내려가며 정리하는 두괄식 필기를 한다. 이와 달리 이런저런 과정을 구체적으로 필기한 후, 제일 아래에 주제를 정리하는 미괄식 필기를 하는 사람도 있다. 이렇게 사람마다 정리하는 방식이 다르기 때문에 친구가 필기한 노트를 아무리 들여다봐도 크게 도움이 되지 않는 것이다.

필기가 도움이 되려면 자신의 언어로 자신에게 맞는 방식으로 정리되어 있어야 한다. 즉, 다른 친구의 필기 노트를 보고 베끼기보다는 시간이 들더라도 스스로 자신이 보기 편한 방식으로 필기하는 습관을 가지는 것이 좋다.

효과적 암기법

인간에게는 시각, 청각, 후각, 미각, 촉각이라는 다섯 가지 감각이 있다. 이 다섯 가지 감각을 많이 사용할수록 암기에 효과적이다. 예를 들어 눈을 감은 채 마음속으로만 외우는 것보다는, 눈으로 보고 입으로 말하면서 외우는 것이 더 좋다. 후자 쪽이 도움이 되는 이유는 시각과 청각이 동시에 사용되기 때문이다.

이에 상상력을 좀 더 붙인다면, 수학의 어떤 공식에서 특정한 냄새가 날 경우 그 공식을 다른 공식에 비해 더 잘 암기할 수 있게 될 것이다. 실제로 국어 교과서에는 장미 향, 수학 교과서에는 민트 향, 영어 교과서에는 라벤더 향을 뿌려 놓는 학생을 목격한 적이 있다. 과목마다 각기 다른 향을 정해, 그 냄새만 맡아도 자신이 어떤 공부를 하고 있는지 뇌가 쉽게 알아챌 수 있도록 하는 것이다. 고등학교를 졸업한 지 10년이 훨씬 지났는데도 침 냄새를 맡으면 《성문 종합영어》가 떠오른다는 사람도 있었다. 학창 시절 《성문 종합영어》를 베고 잔 적이 많았는데 그때마다 침을 흘리고 잤기 때문인 것 같다고 한다.

이러한 사례들을 보면 오감이 기억력에 생각보다 많은 영향을 미친다는 것을 알게 해 준다. 그러니 암기를 할 때에는 소리 내어 읽거나 손으로 쓰는 등 오감을 최대한 많이 사용하는 것이 좋다.

뇌의 3법칙을 고려하여 필기하기, 암기할 때에는 최대한 감각 기관을 많이 사용하기

환경

* 주변 환경이 공부에 미치는 영향
* 집중력을 키우는 공부방
* 집, 독서실, 학교
* 카공족의 심리
* 책상은 무조건 깨끗하게 유지해야 할까?

휴대 전화

* 스마트폰에 집착하는 이유
* 보이지 않는 폭력,
  사이버 불링
* 따돌림 극복법
* SNS 공부 인증

휴식

* 야간 자율 학습과 독서실
* 심리적 데드라인 두기
* 적당한 휴식 시간
* 쉬는 시간 활용하기
* 충분한 잠

주변 환경이 공부에 미치는 영향

'맹모삼천지교'라는 말이 있다. 맹자의 어머니가 맹자에게 좋은 교육 환경을 만들어 주기 위해 세 번 이사한 일을 말한다. 주변 환경이 자녀의 교육에 큰 영향을 미친다는 것을 설명할 때 이 고사가 종종 쓰인다. 실제로 대부분의 사람들은 주변 환경에 많은 영향을 받는다. 살고 있는 동네 분위기, 학교 분위기, 집안 분위기에 따라 공부가 더 잘되거나 안될 수도 있다.

그런데 주변 환경이 모든 사람에게 큰 영향을 미치

는 것은 아니다. 맹자의 어머니가 이사를 세 번이나 해야 했던 이유는 맹자가 공부를 해야겠다는 뚜렷한 의지를 보이지 않았기 때문이다. 만약 맹자가 이미 공부를 열심히 하고 있던 아들이었다면 맹자의 어머니는 굳이 세 번씩이나 이사를 가지 않아도 되었을 것이다. 즉, 주변 환경은 공부에 상당한 영향을 미치지만, 학생마다의 공부 의지에 따라 그 정도가 달라질 수 있다.

그렇다면 공부 의지는 어떻게 생기는 것일까? 공부를 해야 하는 이유, 즉 동기가 있으면 생긴다. 동기를 가지고 있는 사람은 주변 환경이 어떠하든 간에 스스로 공부를 하게 되어 있다. 그러니 학생이 열심히 공부하고 있는 상황에서는 굳이 환경을 변화시킬 이유가 없는 것이다. 오히려 환경의 변화가 그 사람에겐 스트레스로 작용할 수도 있기 때문이다.

집중력을 키우는 공부방

학생들의 공부방은 대체로 생활방이다. 책장, 책상, 의자 외에도 생활에 필요한 가구들이 한곳에 다 배치되어 있다. 빈방이 많아 혼자서 두 방을 쓸 수 있는 집이 아니고서는 생활방과 공부방이 다를 수가 없다. 그런데 문제는 공부방에 너무 많은 물건들이 있다 보니, 우리가 공부에만 집중할 수 없다는 데에 있다. 그렇다고 현실적으로 공부하는 데에 필요하지 않은 가구들을 다 빼버릴 수도 없는 일이다.

상황이 이렇다 보니 공부방에서의 집중력을 높이기 위해서는 책상 위치를 살펴보는 것이 좋다. 크게 세 가지 위치를 생각해 볼 수 있다. 하나는 창문 가까이 책상을 두는 것이다. 이 경우 대부분의 학생들은 시야가 트이고 밖이 잘 보여 지루하지 않게 공부할 수 있다고 여긴다. 하지만 이는 그리 좋은 위치가 아니다. 일단 창밖에서 나는 소리가 공부에 집중하는 것을 방해하며, 계절에 따라 더위와 추위의 영향을 많이 받을 수 있기 때문이다. 다른 하나는 가족들의 영향을 받지 않기 위해 문을 등진 곳에 책상을 두는 것이다. 하지만 이 역시 그리 좋은 위치라 볼 수 없다. 문을 등지게 되면 언제든 누군가 방에 들어올 것 같다는 왠지 모를 불안감을 갖게 되기 때문이다. 마지막으로 창문을 등지면서 최대한 문 쪽과 떨어진 곳에 책상을 두는 방법이 있다. 이는 나의 시야를 책에만 집중시킬 수 있으며, 다른 사람이 드나드는 것을 지켜볼 수 있어 불안함도 느껴지지 않는 가장 좋은 위치다.

집, 독서실, 학교

학생들의 공부 장소는 크게 집, 독서실이나 도서관, 학교로 나뉘는데, 각 장소마다 잘되는 공부는 따로 있다. 일단 집은 생활방이라는 특성 때문에 높은 집중력을 요하는 공부를 하기에는 적절하지 않다. 즉, 공부를 점검하고 계획하며 공부에 대한 전략을 짜는 공간으로 활용하는 것이 좋다. 독서실이나 도서관은 집중력을 가지고 공부하기에 가장 좋은 장소다. 이곳들은 애당초 공부를 하기에 적절한 환경을 조성하고 있기 때문이다. 마지막으로 학교는 친구들이 많은 곳이다. 이는 곧 공부에 대해 대화하기 좋은 곳이라는 뜻이기도 하다. 모르는 문제를 서로 물어보고 알려 주면서 실력을 쌓을 수 있다.

　사람은 어떤 일을 하든 계획, 입력, 출력이라는 과정

을 거쳐야 한다. 이를 공부에 대입하면, 집에서 계획을
세우고, 독서실이나 도서관에서는 공부 내용을 머릿속
에 입력하고, 학교에서 친구들과 대화를 하면서 출력하
는 식으로 공간을 활용하는 것이 좋다.

카공족의 심리

집에서 공부가 잘되지 않는다는 이유로 카페에서 공부
하는 사람들이 더러 있다. 이러한 사람들을 일컬어 '카
공족'이라고 부른다. 카페에서 장시간 공부하는 사람
들이 많아지면서 생긴 신조어다. 카페는 대개 아무 소
음 없는 고요한 장소라기보다 시끄럽고 번잡한 곳이다.
스피커에서는 끊임없이 음악이 나오고 수많은 사람들
이 들락거린다. 어떠한 학생들은 이런 카페에서 공부
가 더 잘된다고 이야기한다. 그런데 정말 공부가 잘되
는 것일까?

결론부터 말하자면, 카페에서 공부가 잘되는 학생은
어디서든 공부가 잘되는 학생이다. 그들은 심지어 공원
벤치나 버스 안에서도 공부할 수 있다. 카페이기 때문

에 공부가 더 잘되는 것이 아니라, 시간과 장소에 따라 적합한 집중력을 발휘할 수 있는 것이다. 하지만 대부분의 사람에게 카페는 공부에 적합한 장소가 될 수 없다. 사람은 멀티태스킹이 가능한 존재가 아니기 때문이다.

그렇다면 학생들은 왜 카페에서 공부를 하려는 것일까? 그 이유는 '시선'에서 찾을 수 있다. 카페는 기본적으로 대화를 나누는 장소다. 많은 사람들이 차를 마시며 대화를 나누거나, 누군가를 기다리며 스마트폰을 본다. 그런데 그런 장소에서 공부를 하면 다른 사람의 시선에 자신은 '공부를 하는 사람'으로 비추어진다. 어떠한 학생들은 바로 이러한 시선을 위해 카페에서 공부를 한다. 다른 사람들과 달리 자신만 공부하고 있다는 사실에서 일종의 정신적 위안을 얻기 때문이다. 하지만 카페는 나의 주의를 순식간에 잡아챌 수많은 방해 요인들로 가득 찬 공간이다. 이러한 공간에서 공부를 한다 해도 내용을 눈으로만 훑는 정도일 뿐이다. 그러니 자신이 카공족이라면 '나는 왜 카페에서 공부하는 것을 좋아할까?'라는 질문을 스스로에게 던져 볼 필요가 있다.

책상은 무조건 깨끗하게 유지해야 할까?

학생들이 하루 중 가장 오랜 시간 접하는 가구는 바로 책상이다. 그래서인지 많은 학생들이 책상을 자신만의 공간으로 생각한다. 좋은 글귀나 좋아하는 연예인의 사진을 붙이며 꾸미는 경우도 많다. 좋은 글귀는 동기 부여에 도움이 되고, 좋아하는 연예인의 사진은 즐거움을 주기 때문이다. 또, 교과서나 문제집을 책장에 꽂지 않고, 책상 위에 아무렇게나 쌓아 두기도 한다. 공부하다 필요한 정보를 바로 찾아내기 위해서, 혹은 단지 정리 정돈이 귀찮다는 이유에서다. 이를 본 어른들은 '책상이 왜 이렇게 지저분하지? 깨끗하게 정리하며 쓰면 좋을 텐데.' 같은 생각을 하며 못마땅하게 여긴다.

이렇게 깨끗한 책상이 집중력을 가져온다는 어른들의 주장과, 책상을 사용하는 자신만 편하면 된다는 학생들의 주장 중 누구의 말이 옳은 것일까? 결론부터 말하자면 둘 다 일리가 있는 말이다. 지나치게 많은 글귀나 연예인 사진, 아무렇게나 쌓아 둔 책들은 분명 집중하는 데에 방해가 된다. 또한, 한쪽 자리를 차지하고 있는 책이나 여타 문구류 때문에 책상을 넓게 쓸 수 없다면 책상을 어느 정도 정돈할 필요가 있다. 그렇다고 책상을 지나치게 깔끔하게 쓰는 것도 공부에 도움이 되지 않는다. 공부보다는 깨끗한 책상을 유지하는 데에 더 신경 쓰기 때문이다.

그렇다면 책상을 어떻게 써야 할까? 과유불급이라는 말이 있다. 정도가 지나침은 미치지 못한 것과 같다는 뜻이다. 책상이 너무 지저분하거나 너무 깔끔하다면 우리의 집중력을 떨어뜨린다. 그러니 각오를 다지는 글귀나 좋아하는 연예인의 사진은 한두 개쯤만 붙여 두는 것이 좋다. 그리고 그날 공부한 책은 쌓아 두지 않고 바로 정리해 두는 습관 역시 필요하다.

주변 환경에 영향을 받지 않는 공부 의지 만들기, 책상은 창문을 등지고 문과 떨어진 위치에 두기, 장소에 따라 각기 다른 공부하기

스마트폰에 집착하는 이유

많은 사람들이 스마트폰을 사용한다. 인터넷, 게임, SNS 등 스마트폰 하나만으로도 많은 것을 할 수 있다는 편리함 때문이다. 그런데 스마트폰에 심하게 집착하는 사람들이 있다. 별다른 일도 없는데 괜히 스마트폰을 들여다보고, 이런저런 애플리케이션을 살펴보고, SNS에 수시로 들락날락거리며 시간을 보낸다. 그들은 길을 걷는 중에도 스마트폰에서 눈을 떼지 못하며, 스마트폰을 한시라도 들고 있지 않으면 불안해하고 심지어는 갑자기 세상과 단절된 느낌까지 받는다. 이는 스마트폰 중독 증세라고 볼 수 있다.

이러한 스마트폰 중독은 대체로 소통의 부재에서 기인된다. 혼자 있는 시간을 잘 견디지 못하거나 다른 사람으로부터 위로받고 싶은 마음이 강렬할 때 스마트폰을 손에서 놓기가 더 힘들어진다. 하지만 안타깝게도 아무리 오랜 시간 스마트폰 안의 세상을 들여다봐도 외로움이 가시는 것도, 위로를 받을 수 있는 것도 아니다.

만약 스마트폰에 대한 과도한 집착을 줄이고 싶다면, 자신이 왜 스마트폰에 집착하는지를 아는 게 먼저다. 이유를 모르면 중독 상태를 벗어날 수 없다. '공부해야 하는데……'라고 생각하면서 스마트폰만 보고 있는 자기 자신이 불만스러운 학생도 마찬가지다. 스마트폰을 좀 멀리해야겠다고 결심만 할 것이 아니라 '내가 왜 스마트폰에 집착하지?'와 같은 질문을 스스로에게 던지며 자신을 돌아봐야 한다. 그래야 스마트폰에 집착하는 습관을 고칠 수 있다.

보이지 않는 폭력, 사이버 불링

사이버 불링cyber bullying이라는 말을 들어 본 적이 있는가? 사이버 불링이란, 디지털 기기를 이용해 SNS나 이메일 등 사이버상에서 가하는 집단 따돌림을 말한다. 어떠한 경우든 따돌림은 따돌림을 당하는 사람을 죽을 만큼 힘든 상태로 몰아넣는다. 사이버상에서 일어나는 따돌림이라고 해서 현실과 다를 바는 없다.

따돌림이 고통스러운 이유는 사람들에게 외면과 거절을 당하기 때문이다. 따돌림뿐 아니라 이별이든 갈등이든 배신이든 사람으로 인한 고통을 겪을 때 우리의 뇌는 고통받는다. 이때 우리의 뇌는 뼈가 부러지거나 살이 찢어져 피가 나는 등의 신체적 고통을 느낄 때와 같은 강도의 고통을 느끼게 되어 있다. 사람은 전측 대상회anterior cingulate라는 뇌의 좌우 관자엽측두엽에 존재하는 영역의 신경 세포가 활동하면 고통을 겪게 되는데, 따돌림을 당하는 사람은 바로 이 전측 대상회가 활성화된다. 즉, 뇌는 사람 때문에 받는 고통과 사고로 인한 고통을 같은 영역에서 처리하는 것이다. 실제로 사람 때문에 고통스러울 때 진통제를 복용하면 덜 괴롭다는 연구 결과까지 있다. 신체의 상처에 치료가 필요한 것처럼 정신의 상처에도 치료가 필요하다는 뜻이다.

따돌림 극복법

사람 때문에 고통받는 건 정신적인 에너지를 매우 많이 소모하는 일이다. 대부분의 사람은 이러한 상황에 처하게 되면 '이런 것에 상처받지 말아야지.' 또는 '이런 일쯤은 내 의지로 이겨 낼 수 있어.' 같은 생각을 하며 자신의 마음을 다잡으려 애쓴다. 그런데 애를 쓰면 쓸수록 상황은 안 좋아지는 경우가 많다. 따돌림을 당하는 원인을 알아내고자 '왜 나는 따돌림을 받지? 왜 저 사람은 나를 싫어할까? 도대체 문제가 뭐지?' 같은 생각을 도돌이표처럼 반복해 봤자 그 해답을 찾을 수가 없다. 오히려 생각하면 생각할수록 더 고통스럽기까지 하다.

자신의 마음만 다잡는 건 별로 좋은 방법이 아니다. 정신적인 고통이 점점 커지는 이유는 자신의 몸을 먼저 돌보지 않고, 자신의 마음만 다잡기 때문이다. 정신적 타격으로 받은 상처를 쉽게 치유하지 못하는 것은 단지 의지의 문제가 아니다. 이겨 내고자 하는 의지를 가지기 위해선 먼저 신체가 건강해야 한다. 건강한 신체 속에 건강한 정신이 자리 잡을 수 있기 때문이다. 잘 먹고 잘 자고 잘 쉬는 것이 상처 입은 마음을 치유할 수 있는 첫 번째 길이다. 그래야 좋은 생각도 할 수 있는 것이고 든든한 방어 능력도 가질 수 있게 된다.

SNS 공부 인증

페이스북이나 트위터, 인스타그램 같은 SNS는 일종의 공개 일기장이다. 다른 사람이 나의 게시물을 볼 수 있다는 사실을 아는 상태에서 쓰기 때문이다. 그래서 종이 일기장에다 일기를 쓰는 것과 달리 다른 사람의 시선을 의식할 수밖에 없다. 최근 이러한 공개 일기장에 공부 인증을 하는 학생들이 많아졌다. 오늘 공부한 내용이 무엇인지, 얼마나 열심히 공부했는지 등을 기록하는 것이다.

그런데 이렇게 SNS에 인증을 하는 것이 정말 도움이 될까? 일반적으로 무언가를 시작하는 단계에서는 도움이 된다. 예를 들어, 오늘부터 하루 20분씩 꼭 운동하 겠다고 마음먹었을 때, 마음속으로만 각오를 다지는 것 보다는 가족이나 친구들에게 공표하는 것이 좋다. 말 을 함으로써 그에 대한 책임감도 생기고, 또한 나만 아 는 일이 아니라 다른 사람도 알게 되어 버리기 때문에 실천하지 않으면 스스로가 부끄러워지기 때문이다. '쟤 는 말만 하지 행동은 하지 않네.'라는 평가를 얻게 될까 두려운 마음이 생기기도 한다. 그래서 사람들은 스스로 결정한 일을 강제적으로라도 하기 위해 다른 이들에게 자신이 무엇을 할 것인지를 알리는 것이다. 하지만 자 신의 결심대로 무언가를 열심히 하고 있다면 굳이 다른 사람에게 알릴 필요가 없다.

공부 인증 역시 마찬가지다. 이제까지 등한시했던 공부를 열심히 하기로 다짐했다면 각오를 다지는 측면 에서는 SNS를 통해 사람들에게 알리는 것이 도움이 될 수 있다. 하지만 어느 정도 궤도에 오른 후의 인증은 오 히려 부정적인 효과로 나타난다. 일단 공부에 대한 집 중도를 떨어뜨리는 일이 발생할 수 있다. 이를테면, 페 이스북에 공부 인증 사진을 올린 후엔 '좋아요'를 몇 명이 눌렸는지 계속 확인하거나, 누군가 댓글을 달면 그 댓글에 대한 답을 하느라 많은 시간을 쓰는 식이다. SNS 친구들이 관심을 보이지 않으면 도리어 공부하기 싫어지는 마음이 생길 수도 있다. 타인의 관심을 받기 위해 하는 공부가 아닌데도 타인의 관심에 따라 공부를 할지 말지 결정해 버리는 것이다. 정리하자면, '나 이제 부터 공부하기로 했어.' 같은 시작 인증은 필요할 수 있지만, '나 오늘 이만큼 공부했어.' 같은 진행 인증은 공부하는 데에 큰 도움이 되지 않는다.

왜 스마트폰에 집착하는지 이유 찾기, 마음이 괴로울 때는 오히려 잘 먹고 잘 자고 잘 쉬기, 공부 인증은 시작 단계에서만 하기

야간 자율 학습과 독서실

인문계 고등학교에선 야간 자율 학습을 시행한다. 대체로 밤 10시까지 학교에 남아 공부해야 하는 것이다. 그야말로 매일매일이 공부 강행군이다. 그런데 더 독하게 공부해야 한다며 야간 자율 학습이 끝난 후에 독서실로 직행하는 아이들도 있다. 최대한 많은 시간을 공부에 투자하고자 하는 것이다. 하지만 이러한 행동이 오히려 야간 자율 학습 시간을 충분히 활용할 수 없게 만드는 방해 요소로 작용할 수도 있다. 야간 자율 학습 시간을 독서실에서 공부하기 전의 준비 시간쯤으로 여기게 될 수 있기 때문이다. 예를 들어 독서실에서 새벽 2시까지 공부할 계획을 세웠다면, '어차피 2시까지 계속 공부할 텐데, 뭐.' 이런 식의 안일한 마음이 생겨 야간 자율 학습 시간에 크게 집중하지 않게 되는 것이다. 반면, 독서실 대신 집으로 가서 휴식을 취하는 학생은 야간 자율 학습 시간에 확실하게 집중한다. 밤 10시가 이날 공부의 끝이라는 생각에 몰입을 하게 되는 것이다.

심리적 데드라인 두기

"공부는 엉덩이로 하는 것이다."라는 말이 있다. 한자리에 진득하게 앉아 오랫동안 공부를 해야 좋은 성적을 받을 수 있다는 뜻이다. 그런데 이는 인과 관계가 바뀐 말이다. 오래 앉아 있기 때문에 좋은 성적을 받는 것이 아니라, 공부가 잘되니까 오래 앉아 있는 것이다. 즉, 공부가 잘되어야 오래 앉아 있을 수 있다.

공부가 잘되기 위해선 심리적 데드라인이 있어야 한다. 야간 자율 학습은 심리적 데드라인을 주기 좋은 기회가 될 수 있다. 언제든 원하는 시간에 집에 갈 수 있는 독서실과 달리 야간 자율 학습은 학교에서 정해 놓은 시간까지 무조건 공부해야 하기 때문이다.

적당한 휴식 시간

인간은 40분 이상 집중하는 게 어렵다. 완벽한 몰입이 되었을 경우에도 2시간을 넘기지 못한다. 그렇기 때문에 책상 앞에 오래 앉아 있는 것보다는 자신에게 적당한 휴식 시간을 주면서 스스로 주도권을 가지고 공부하는 것이 좋다. 하지만 학생의 경우 스스로 주도권을 잡기란 쉽지 않다. 학교에서는 자신이 원하는 시간에 공부하고 쉴 수 없기 때문이다.

　뇌가 필요로 하는 최소한의 쉬는 시간은 15분이다. 하지만 보통 고등학교에서는 50분 수업, 10분 휴식으로 정해져 있다. 10분 휴식은 학생들이 편안하게 쉬기에는 부족한 시간이다. 학생들은 이 10분 동안 화장실에 다녀오거나 다음 수업 시간을 준비해야 한다. 그래서 쉬지도 못했는데 어느샌가 쉬는 시간이 끝나 버리고 마는

것이다. 그래서 10분의 쉬는 시간을 똑똑하게 사용할
필요가 있다.

쉬는 시간 활용하기

쉬는 시간 10분은 결코 길지 않은 시간이다. 하지만 1분
만 쉬어도 10분처럼 쉬는 방법이 있다. 바로 다음 시간
에 하는 공부와 전혀 다른 활동을 하는 것이다. 뇌는 같
은 일을 반복할 때 무뎌지고 피로를 빨리 느낀다. 그러
니 다음 시간이 수학이라면 음악을 듣는 게 휴식이 될
수 있다. 또, 다음 시간이 음악이라면 음악과 무관한 행
동을 하는 것이 좋다. 이전과 전혀 다른 일을 하는 것만
으로도 뇌는 휴식이라고 인식한다.

　그런데 여기에는 주의할 사항이 있다. 10분 내내 음
악을 듣게 되면 마음의 준비가 전혀 안 된 상태로 수학
시간을 맞이하게 된다. 그러면 수업 시작 후 초반의 5분
에서 10분이 힘들어질 수밖에 없다. 그래서 쉬는 시간
10분은 보다 잘게 쪼개 쓸 필요가 있는 것이다. 이 10분
동안 할 수 있는 일을 최소한 두 가지로 나누어야 한다.

처음의 5분은 다음 시간에 하는 수업과 상관없는 일을 하고, 나머지 5분은 이번 시간에 공부할 내용의 제목이라도 읽어 워밍업을 해 줘야 한다.

준비 운동 없이 수영을 하면 쥐가 나는 것처럼 공부도 마찬가지다. 그러니까 쉬는 시간을 그냥 쉬는 시간으로 통틀어 말하는 대신 '쉬는 시간 전반전'과 '쉬는 시간 후반전'으로 이름을 붙여 보자. 그리고 전반전에는 수업과 전혀 다른 일, 후반전에는 수업에서 할 내용을 훑어보는 일을 한다면 완벽한 휴식이 될 수 있다.

충분한 잠

우리는 전날 잠을 충분히 자지 못했을 때 10분의 휴식을 잠을 보충하는 시간으로 활용한다. 그런데 10분 동안 잠만 자면 몸 상태가 안 좋은 채로 수업에 임하게 된다.

잠은 갈증과 달리 훨씬 더 긴긴 시간을 필요로 하는 신체 복구법이다. 극심한 갈증은 물 한 컵으로 해소된다. 반면, 수면 부족으로 피곤해진 신체는 오랜 시간 잠을 자야만 복구시킬 수 있다. 그런데 쉬는 시간의 잠은 사람을 깨어 있는 상태도 아니고 자고 있는 상태도 아닌 가수면 상태로 몰아넣는다. 가수면은 신체에 어떤 휴식도 주지 못한다. 그러니 늦게까지 공부하고 다음 날 쉬는 시간에 부족한 잠을 보충하려고 하기보다는, 전날 충분히 자고 쉬는 시간에는 앞서 말한 이상적인 휴식 시간을 갖는 것이 현명하다.

공부할 때는 심리적 데드라인 두기, 쉬는 시간에는 다음 시간에 할 공부와 전혀 다른 활동하기, 쉬는 시간에는 웬만하면 자지 않기